VIVIR EN BIENESTAR A PESAR DE TODO

GUÍA PSICOLÓGICA PARA CUIDAR MI SALUD MENTAL

Ramsés Barragán Estrada

Vivir en bienestar a pesar de todo

Portada: Julieta Bracho-estudio Jamaica

Primera edición: diciembre 2021

© 2021, Ramsés Barragán Estrada
© 2021, Editorial Terracota bajo el sello PAX

ISBN: 978-607-713-446-6

Reservados todos los derechos. Queda rigurosamente prohibida, sin la autorización previa y por escrito de los titulares del *copyright*, bajo las sanciones establecidas en las leyes, la reproducción parcial o total de esta obra por cualquier medio o procedimiento.

DR © 2021, Editorial Terracota, SA de CV
Av. Cuauhtémoc 1430
Col. Santa Cruz Atoyac
03310 Ciudad de México

Tel. +52 55 5335 0090
www.terradelibros.com

Impreso en México / *Printed in Mexico*

2025	2024	2023	2022	2021
5	4	3	2	1

*Para las personas más valiosas en la vida
de un psicoterapeuta...
los pacientes.*

Índice

Introducción	11
Primera parte: Edificar	21
1. Entender el bienestar	23
Un poco de historia	23
¿Es lo mismo *bienestar* que *felicidad*?	27
2. Los componentes del bienestar	33
El modelo antecesor	33
Ejercicio 1: Diseñar actividades para las tres vías	36
De las tres vías a los cinco componentes	38
Ejercicio 2: Medición de tu florecimiento actual	43
Segunda parte: Construir	47
3. Estrategias para cultivar emociones positivas	49
Las emociones negativas y positivas son complementarias	49
Gestión y control de las emociones	54
Intervención inicial de positividad	56

Ejercicio 3: Estrategias útiles e inútiles
en la gestión de emociones 57
Ejercicio 4: Del conocimiento al manejo
adecuado de las emociones 59
Estrategias de positividad 68
Las tres puertas 69
La escritura expresiva 72
Savoring o saboreo 74

4. ESTRATEGIAS PARA CULTIVAR COMPROMISO O *ENGAGEMENT* 79
¿Qué es el compromiso? 79
Ejercicio 5: El compromiso e involucramiento
en nuestras áreas de vida 81
Ejercicio 6: *Engagement* o vinculación psicológica
con el trabajo 83
Renovar el compromiso laboral 85
Generar compromiso en nuestra vida 86
El *photobook* de las fortalezas 97
Carta de proyección hacia el futuro
o mi mejor *yo* posible 102

5. ESTRATEGIAS PARA CULTIVAR RELACIONES POSITIVAS
SIGNIFICATIVAS 109
La importancia de las relaciones humanas 109
Información adicional 112
Hallazgos científicos en breve 114
El poder de las buenas acciones 115
La riqueza en felicidad de las personas sociables 118
De qué se conforman las parejas exitosas 120
Ejercicio 7: Mitos y realidades en el amor.
¡Ponte a prueba! 128
Compartir experiencias positivas 140

Mejores prácticas laborales para tener mejores
   relaciones interpersonales   144

6. Estrategias para cultivar una vida con sentido   149
   Los beneficios de una vida con significado   149
   Ejercicio 8: Mapa de la identidad   151
   Ejercicio 9: El funeral   158
   Ejercicio 10: ¿Cuál es tu fuente inagotable
      de significado?   160
   El sentido en la vida diaria   166
   Cultivar el propósito a través de "un fin vital",
      la armonía y la consecución de logros   168
   Estrategias para cultivar el propósito en la vida   173
   La huella vital   174
   El libro de la vida   177

7. Estrategias para cultivar una vida de logros   181
   Cómo mantener nuestras metas vigentes   181
   Ejercicio 11: Técnica para el pensamiento catastrófico   190
   De qué te pierdes por seguir una vida sin metas   195
   La teoría de la autodeterminación   197
   En busca de los motivos, necesidades
      y metas humanas universales   199
   Diseño de metas individuales en sintonía con
      las metas universales   203
   Equilibrar nuestras necesidades psicológicas básicas   208

Tercera parte: Reforzar   215

8. Florecer como meta para las personas
y las sociedades   217
   El más actual y apremiante desafío de vida: covid-19   217

Una propuesta para tu bienestar en estos tiempos
   de crisis: El modelo integrativo del bienestar (MIB) 221
Qué puede hacer el MIB por ti 228
Estrategias de prevención de covid-19 según
   los tipos de bienestar 229

9. A MODO DE CIERRE 235
   La psicología en los tiempos que corren 235
   Una acotación para los profesionales de la salud mental 238
   Un camino alentador para ti y para todos 241

BIBLIOGRAFÍA 245

ACERCA DEL AUTOR 255

Introducción

Bienestar vs. malestar

Bienestar y malestar conviven en la vida de las personas a diario, pues el simple hecho de vivir nos obliga a ello. Innegablemente y a perpetuidad, estaremos sujetos a épocas felices y épocas desdichadas. Es "el gran diseño de la vida" y, a lo largo de la historia de la humanidad, hemos aprendido a aceptarlo, en mayor o menor medida.

Sin embargo, asimilar estas premisas se complica si no somos capaces de manejar las situaciones que se nos presentan o si, peor aún, nos resignamos al sufrimiento. Hay personas que no solo niegan que pueden mejorar sus condiciones actuales, sino que las empeoran a propósito para confirmarse a sí mismas que les tocó una mala vida. En cambio, otras aprenden a adaptarse a situaciones adversas o asumen la tragedia como una oportunidad de crecimiento y mejora.

Lo cierto es que la vida nos obliga a tomar un camino u otro al equivocarnos, lamentarnos por lo sucedido, quejarnos de lo injusto, encarar decisiones todos los días y actuar o no actuar con base en los recursos con los que contamos. Nadie se libra de ello (al menos quienes no atentan contra su vida), y es mejor aceptarlo que quedarnos de brazos cruzados esperando que algo o alguien decida por nosotros. Como apostrofaba un notable colega: "No importa si decides para bien o para mal, lo importante es decidir algo".

El bienestar es un tema al cual me dedico desde hace muchos años para poder entenderlo y aplicarlo. Conforme mis estudios sobre este constructo avanzaron, más me daba cuenta de que el sufrimiento iba de la mano de este. En otras palabras, no podía desarrollar estrategias de intervención y propuestas confiables si no integraba lo que causa el malestar de las mismas personas que buscan el bienestar.

Los aportes que encontrarás en este libro consideran ambos conceptos casi en la justa medida. Y digo "casi" porque como versa el título de esta obra, de lo que se trata es de inclinar la balanza hacia aquellas cosas que hacen que la vida valga la pena, permitiendo así que las personas construyan y vuelquen más su atención hacia su propio bienestar y no así hacia el malestar. Por supuesto, no se trata de "creer" en cosas buenas para que nos pasen cosas buenas, puesto que el universo no opera de esa manera ni, por el contrario, de evitar los malos pensamientos porque de esa forma los "atraemos" más; se trata, en esencia, de trabajar por lo que queremos y lo que nos dota de sentido (promoción y cultivo de la salud mental), al tiempo que nos mantenemos alertas ante aquello que puede dañarnos o hacernos sentir mal (mecanismos de prevención). Es la construcción de recursos duraderos con el fin de potenciar el bienestar, al tiempo que nos prepara para las épocas difíciles que sin duda atravesaremos.

Es cierto, el caos impera en la actualidad y hacen falta pocos ejemplos para demostrarlo: las injusticias y las desgracias humanas son la constante de todos los días, los conflictos bélicos y políticos acaparan los noticiarios, las muertes y homicidios que son ahora hasta un medio de entretenimiento en los titulares de muchos periódicos. Vivimos una época en la que es más fácil desconfiar que confiar, hacer daño a nuestra pareja que amarla, quejarnos de alguien en vez de admirarlo y ser indiferentes ante el sufrimiento, que ser empáticos. Todo eso es verdad, pero también es cierto que hemos avanzado mucho en la comprensión y prácticas de aquello que nos hace mejores (mejores esposos, mejores trabajadores, mejores padres, mejores educadores).

Sin duda muchos hemos hecho nuestra parte, y es válido que eso también esté presente en nuestros juicios.

Nadie dice que es fácil cultivar el bienestar, pero ¿qué sentido tendría una vida en la que todo se nos diese gratis y sin esfuerzo? ¿Qué haríamos si no tuviésemos que trabajar por alcanzar las cosas que deseamos? ¿Cómo seríamos mejores si ya tenemos lo mejor y más deseado? Al respecto, y desde hace más tiempo del que llevamos impulsando los estudios y prácticas del bienestar, Nozick recurrió a una pregunta hipotética con miras a descifrar mejor la premisa que sostengo: el sufrimiento posibilita la construcción del bienestar. He aquí la interrogante: "Imagina una máquina futurista con la cual fuese posible inducir solo experiencias positivas derivadas de los hallazgos encontrados por los neurocientíficos. Además, tú no podrías notar la diferencia, por lo que asumirías estas experiencias como reales. Así, y si se te diese la oportunidad de escoger entre usar la máquina y vivir la vida real, ¿qué escogerías?" (Nozick, 1974).

Rutas hacia el bienestar

La famosa Escalera de Cantril es un instrumento de medición que se ha incluido en censos, iniciativas, encuestas e investigaciones a lo largo de todo el mundo, con miras a poder conocer los niveles de bienestar que caracterizan a las naciones por medio de sus individuos. Está basada tanto en la experiencia del "aquí y ahora", como en la mejor vida posible para tu futuro. Dicho de otro modo, evalúa el camino actual que seguimos en el cultivo de nuestro bienestar y cómo este nos proyectará hacia el futuro en un tiempo determinado (cinco años). Incluso en ocasiones suele llamarse la Escalera de la vida, que en lo personal no me parece tan descabellado. Fue propuesta por el investigador social Hadley Cantril y se presenta en su versión resumida a continuación:

Imagina una escalera con peldaños numerados que van del 0 al 10 y en donde el 0 es la base o el fondo y el 10 la cima de la escalera. La parte más alta representa la mejor vida posible para ti y el fondo, la peor. ¿En qué peldaño de la escalera dirías que te sientes actualmente? ¿Y en qué peldaño de la escalera piensas que podrías estar en cinco años contados a partir de ahora?

La primera pregunta hace referencia a la valoración actual que hacemos de nuestro bienestar, con base en cuánto y cómo hemos florecido (prosperado); mientras que la segunda, medirá nuestro bienestar focalizado en un posible futuro y a partir de lo que hacemos hoy. ¿Ya has registrado tus valores? Muy bien. Con base en ello, habremos de ponderar tu resultado de la siguiente manera:

- *Prosperando*: personas que puntúan arriba de siete en su situación presente y arriba de ocho en la vida futura, se consideran prósperos o con la capacidad de florecer. Esto significa que lo más probable es que estén experimentado altos niveles de bienestar en su día a día. Además, estas personas suelen reportar una cantidad menor de problemas de salud, menor número de días enfermos, menores niveles de preocupación, estrés, tristeza, enojo y por el contario, mayores niveles de alegría, interés, respeto y felicidad en general.
- *Luchando:* personas que puntúan entre cinco y seis, están "en la lucha", por lo que se muestran reservados y críticos respecto a mantener un punto de vista orientado al bienestar o al malestar, ya sea en su situación presente o con respecto al futuro. Las personas que se hallan en esta lucha

interna tienden a reportar mayor estrés en su vida diaria, más preocupaciones y contabilizan el doble de días enfermos en relación con los de la categoría anterior.
- *Sufriendo*: personas que puntúan de cuatro para abajo son consideradas personas que viven sufriendo, por lo que califican su vida actual como pobre (en cuanto a niveles de bienestar) y no vislumbran cómo esto podría ser diferente en su futuro. En comparación con las personas prósperas, los sufrientes tienden a sentirse insatisfechos en cuanto a sus necesidades básicas, además de que experimentan mayor dolor físico, estrés elevado, preocupaciones excesivas y mayores niveles de tristeza y enojo (Diener *et al.*, 2009).

Mediciones como la anterior son las que te permiten trazar mejores rutas para tu travesía hacia el bienestar, pues es evidente que las estrategias de intervención y aplicaciones prácticas tendrán mejores resultados (y más duraderos) si sabemos en dónde estás parado. De la misma manera, las hipótesis, teorías y metodologías acerca de lo que te permite cuidar tu salud mental deberán ser aquellas que han mostrado los mejores resultados, no solo en cuanto a efectividad en el tratamiento, sino en consistencia (por ejemplo, un medicamento puede o no ser efectivo sin importar cuánta publicidad se le haya hecho o bien, aunque el medicamente sea eficaz, no funcionará por igual para todas las personas).

Existen teorías como la del Bienestar subjetivo (Diener, 2000), la Teoría del Equilibrio Dinámico (Magnus *et al.,* 1993), el Modelo de Flujo o Fluidez (Csikszentmihalyi, 1990), la Teoría de la Autodeterminación (Deci y Ryan, 2008), la Teoría del Bienestar de Carol Ryff (Ryff y Singer, 2008), la Teoría de la Adaptación Hedónica (Lyubomirsky *et al.*, 2006), el Modelo Funcional del Bienestar (Vitterso *et al.*, 2010) el Modelo PERMA (Seligman, 2011), entre otros de igual relevancia. El presente libro recaba y documenta hallazgos de todos los anteriores, sin embargo, he seleccionado este último como guía principal de tu desarrollo por ser uno de los más efectivos.

Por un lado, y parafraseando a mis pacientes, siempre surge la interrogante: ¿cómo saber que estoy tomando el camino correcto? ¿Debo seguir únicamente lo que me hace bien (búsqueda del placer puro)? o ¿cuál es la medida justa para sentirme bien con lo que hago sin caer en el conformismo ni en el perfeccionismo? Además, mis consultantes refieren con mucha frecuencia el eterno dilema de a quién hacerle caso: ¿a mi psicoterapeuta?, ¿a mis padres?, ¿a mi cónyuge?, ¿a mi "sabia" abuela que es la voz de la experiencia?, ¿a los astros?, ¿a mis amigos?, ¿a mis maestros?, ¿a mi médico de cabecera?, ¿al tío "exitoso"? o ¿al autor de un libro al que ni siquiera conozco?

El estudio denominado *Foresight Report* conducido por la Fundación Nueva Economía (NEF por sus siglas en inglés) se encargó de revisar múltiples investigaciones relacionadas con los caminos que nos conducen al bienestar, es decir se abocaron con dedicación profunda a contestar la pregunta dilema de mis pacientes de "¿a quién rayos hacerle caso?". Aked y colaboradores (2008) revisaron cerca de 400 investigaciones científicas que documentaban vías de cómo aumentar significativamente nuestros niveles de bienestar, no solo porque fuesen efectivas (que ayudasen en lo que dijesen que iban a ayudar), sino consistentes (perdurables en el tiempo y capaces de ser utilizadas en otros momentos) y encontraron los siguientes cinco caminos:

1) *Conexión.* Construir relaciones con la gente que nos rodea. Fomenta la resiliencia y es uno de los caminos que más aumentan nuestros niveles de bienestar en relación con los otros medios.
2) *Estar activos.* Consiste en atender y cuidar tanto nuestra salud mental como física. Esto se puede lograr por medio de

la actividad intencional sostenida (hacer las cosas y no nada más estarlas planeando o pensando). Es ocuparnos de nuestro cuerpo y de nuestros pensamientos.

3) *Estar atentos.* Lo que se ha denominado "saboreo" o "detenernos a oler las rosas" es un poderoso activador del bienestar. Implica extender el placer, disfrutar más y prestarle mayor atención a los estímulos sensoriales, cognitivos y del ambiente. En pocas palabras: maximizar la experiencia.

4) *Estar aprendiendo.* Retarnos y mantener en forma nuestro cerebro. Se trata de cuidar el hecho de estar siempre aprendiendo algo valioso y útil para nuestra vida.

5) *Dar.* Se relaciona con las acciones benéficas o altruistas que hacemos para otros. Puede implicar el tiempo que obsequiamos a las personas importantes en nuestra vida o las conductas y actividades que logran hacer que otros estén bien y nosotros sentirnos bien por eso.

Ahora bien, siendo críticos al respecto, los cinco caminos aquí descritos no nos dicen exactamente lo que debemos hacer, por lo que será necesario que vayamos de lo general a lo particular: imagina que estás en casa y aún no te levantas de la cama (no avances en la lectura hasta tener la imagen en tu cabeza). Estás por hacerlo, pero hoy has decidido que las cosas sean diferentes para ti, sin importar lo complicado que sea tu situación o lo caótica que sea tu vida en general. De hecho, prestarás poca atención a tu malestar y mucha más a tu bienestar. Para ello, te vales de las siguientes actividades que deambulan por tu mente y que puedes o no hacer, de acuerdo con tu voluntad y deseos de llevarlas a cabo:

a) Practica la gratitud con todas las personas con las que interactúes en el día. Aunado a eso, reflexiona sobre todas las cosas por las que puedes estar agradecido.

b) Focaliza tu atención hacia los demás realizando acciones

de bondad y generosidad para ellos, de preferencia al azar.
c) Únete a un movimiento con causa.
d) Entre tus actividades, asigna la mayor prioridad a estar cerca de las personas que te importan, no tanto en cantidad sino en calidad.
e) Obséquiate un día especial, buscando el "saboreo" de las cosas y maximizando la experiencia.
f) Busca nuevas maneras de hacer lo que usualmente te produce fastidio o aburrimiento (o las actividades que sueles evitar).[1]

Entonces, ¿cuáles realizarías? ¿Cuáles tienen sentido y cuáles parece que no tienen nada que ver contigo? ¿Cuáles crees que tendrían un mayor efecto en tu vida y cuáles no? ¿Cuáles contribuyen a atender tu malestar? O viéndolo desde otro ángulo: ¿cuáles ya realizabas tiempo atrás y dejaste de hacer para concentrarte tanto en tus problemas?

Independientemente de tus respuestas, es posible que ya hayas visualizado la intención de esta reflexión-ejercicio, y consiste en crear tu propia estrategia. Partirás de una base confiable (el modelo PERMA o los cinco caminos descubiertos por el estudio citado, por ejemplo), para luego profundizar en cómo realizar tal o cual actividad; pero al final el artífice eres tú con tu personalidad, tus circunstancias y tus recursos; es decir, las actividades seleccionadas tendrán tu sello propio, tu huella dactilar única, y eso sin duda incrementará el valor de llevarlas a cabo.

En resumen y al igual que hacemos los psicoterapeutas dentro del proceso clínico con cualquier paciente, mi labor estriba en mostrar "caminos" (no atajos), en iluminar senderos que parecían esquivos o ignotos para ellos (incluso acompañarlos en

---

[1] Las presentes actividades son propuestas de algunos de los investigadores más reconocidos en el campo de la psicología positiva o psicología del bienestar, como Alan Carr, Martin E.P. Seligman o Sonya Lyubomirsky.

algunos momentos si es necesario), pero son ustedes quienes decidirán en qué caminos se sienten más a gusto y por eso vale la pena recorrerlos; por cuáles habrán de transitar y en cuáles habrán de dar marcha atrás (aprender de los errores); cuáles les transmitirán una sensación de bienestar y cuáles no.

El resultado final

Lógicamente, aumentar tu bienestar es la meta de este libro al ofrecerte datos confiables avalados por la ciencia que contrarrestan creencias negativas o prejuicios. También, y en mayor medida, dotarte de estrategias útiles para trabajar contigo mismo (se trata de actuar y no de quedarnos a nivel del pensamiento), esta obra puede incluso ser un manual de consulta personal para las situaciones que se nos presenten en el futuro, de forma que podamos atenderlas. Sin embargo, todas estas metas (sumadas, integradas e interconectadas) persiguen un propósito mayor que no depende de mí como autor, sino de lo que tú hagas con este material. Se trata de lo que suelo llamar "el método *Try, Share & Spread*" [prueba, comparte y contagia], y que no es otra cosa que el objetivo mismo que persigue la ciencia: que todos nos beneficiemos de sus hallazgos.

Para lograr este propósito, lo primero que debes hacer es *probar*. Sigue la metodología aquí propuesta: realiza las autoevaluaciones, comprométete con la lectura; muéstrate dispuesto a disfrutar con las actividades, disfruta el viaje y no te sabotees o juzgues los ejercicios por anticipado. Al final, nadie mejor que tú podrá evaluar el resultado, desechando lo que no te funcione

💡 Las estrategias y actividades a realizar pueden parecerte frustrantes o muy pesadas al inicio de tu práctica individual. Lo anterior no solo es normal, sino necesario. En consecuencia, no te desesperes ni pienses que debe salirte bien a la primera; como con cualquier entrenamiento, la práctica hace al maestro.

y adoptando como un hábito lo que se tradujo en bienestar. ¿Sabes cuántas veces debes realizar una actividad cualquiera para convertirla en un hábito? La psicología conductista nos dice que 21 veces, por lo que tienes suficiente trabajo para los meses venideros.

Segundo, *comparte tu experiencia*. El asunto con el bienestar es que le gusta llamar la atención y no pasar inadvertido. Cuando nos sentimos bien, cuando logramos algo importante, cuando mejoramos algún aspecto de nuestra vida, debemos compartirlo con otros y no guardarlo para nuestros momentos en solitario. El bienestar que vivimos se grita a los cuatro vientos, se maximiza con la familia o amigos, se presume en las ocasiones que se nos presentan. La cultura nos ha hecho creer que está mal hablar de lo bueno, que debemos ser "humildes" al respecto y no vanagloriarnos de las metas alcanzadas. Eso es un error. Debemos contarle a los demás lo que nos sale bien, y eso no está peleado en ningún momento con la humildad. La "antihumildad" sería presumir lo que no tenemos o no ha sido fruto de nuestro esfuerzo. Sin embargo, compartir lo bien que te sientes hará que tu bienestar se mantenga más tiempo y lo disfrutes mejor.

Finalmente, el paso anterior se encadena con este: *contagio*. Difunde la información. Crea un efecto de contagio. Haz que otros se puedan beneficiar de lo que tú lograste.

La difusión es necesaria, cada vez más y hasta donde podamos. Sin ello, seguiremos cayendo en manos de embaucadores y charlatanes que, por alguna perversa razón, viven engañando a otros a través del sufrimiento. Contagiar a otros también los alejará de las soluciones simplistas que no existen, pero que muchos siguen a ciegas sin que alguna vez llegue el resultado deseado.

PRIMERA PARTE

Edificar

El bienestar no puede existir solo en nuestra mente: el bienestar es una combinación de sentirse bien y de tener realmente sentido, buenas relaciones y logros.
Martin Seligman

La felicidad es una actividad; es una corriente, no un charco de agua estancada
John Mason Good

1. Entender el bienestar

> *La psicología moderna no es una disciplina centrada*
> *solamente en la patología y en los aspectos negativos de la vida,*
> *también se interesa por la creación y promoción de emociones positivas:*
> *no basta con salir del pozo, hay que empezar a caminar.*
> WALTER RISO

UN POCO DE HISTORIA

Trata de pensar en lo que hace que las personas sientan bienestar en su vida: ¿la pareja?, ¿los amigos?, ¿un trabajo bien remunerado?, ¿la familia ideal?, ¿tener poder y prestigio?, ¿la belleza?, ¿vivir con la suficiente tranquilidad?, ¿ser devoto a una fe?, ¿tener una personalidad agradable? O bien, ¿qué es aquello en lo que debo trabajar primero? ¿Y en segundo lugar? ¿De cuál puedo prescindir y cuál es prácticamente obligatoria? ¿Cuál de estas depende de mí y en cuáles no hay nada qué hacer? Son muchas interrogantes, ¿no es así? No te preocupes, pues daremos respuesta a cada una de ellas.

El estudio del bienestar en el ámbito de la psicología tiene su origen a finales de la década de 1990, de la mano de académicos de talla internacional y que ya eran reconocidos por sus aportes en temas del malestar y el sufrimiento humanos. Liderados por Martin E.P. Seligman, investigadores como Ed Diener, Mihály Csikszentmihalyi, Kathleen Hall Jamieson, Christopher Peterson, George Vaillant y Barbara Fredrickson se encargaron de conformar un cuerpo teórico lo suficientemente sólido al que denominaron *psicología positiva* (en honor a un concepto propuesto por Abraham Maslow casi cincuenta años atrás). La idea era simple: integrar todo lo que ya sabíamos del malestar en un nuevo grupo de investigaciones que se preguntaran aspectos relacionados con el bienestar: ¿qué hace felices a las personas?, ¿qué los dota de sentido?, ¿de qué se conforman los matrimonios exitosos?, ¿qué posibilita que una sociedad prospere? Y al fin, luego de 20 años de trabajo arduo de todos los involucrados, hoy podemos darte muchas de estas respuestas.

Para fines prácticos definiremos a la *psicología positiva* como el estudio científico del funcionamiento óptimo de las personas, los grupos y la sociedad, así como de aquellos elementos que hacen que la vida valga la pena de ser vivida. Asimismo, utilizaré de manera intercambiable los términos psicología positiva y psicología del bienestar, sobre todo con fines de agilizar la lectura y poder empezar a asociar una idea con la otra. Además, cabe destacar que "positivo" hará referencia al bienestar y todo su conjunto, y no a ser "optimista" como solemos traducir en la mayoría de los países latinoamericanos.

Resulta inevitable resaltar que la aparición de esta corriente en la psicología tuvo lugar en una de las playas más hermosas de la Riviera Maya: Akumal, en México. De hecho, fue el nombre que los investigadores (Sheldon, Fredrickson, Rathunde, Csikszentmihalyi y Haidt) le dieron al primer documento elaborado, *Manifiesto Akumal*, el cual contenía los siguientes objetivos de investigación y aplicaciones que incluso hoy en día siguen vigentes:

- La mejora de la educación infantil, haciendo un mayor uso de la motivación intrínseca, el afecto positivo y la creatividad dentro de las escuelas.
- Mejora de la psicoterapia mediante el desarrollo de enfoques que hacen hincapié en la esperanza, el significado y la autocuración.

- La mejora de la vida familiar por una mejor comprensión de la dinámica del amor y el compromiso.
- Mejorar la satisfacción en el trabajo ayudando a las personas a encontrar gratificaciones auténticas, mejorando la experiencia de los estados de flujo y posibilitando las contribuciones genuinas en el trabajo.
- Mejora de las organizaciones y las sociedades para descubrir qué condiciones aumentan la confianza, la comunicación y el altruismo de las personas (Sheldon et al., 2000; Salanova y Llorens, 2016).

No está de más recalcar que dichos objetivos suelen ser las metas de vida de muchos de nosotros.

Ahora bien, si estas han sido nuestras tareas como profesionales de la salud mental (y afines) a partir de la aparición de este campo de estudio, y lo seguirán siendo durante mucho tiempo más, es momento de preguntarte: "¿Y cuáles serán las mías?".

Antes de contestar esta pregunta, revisa los siguientes datos:

- Para 2030, la depresión será la enfermedad mental más incapacitante en todo el mundo.
- Según la Organización Mundial de la Salud (OMS), en el mundo existen más de 340 millones de personas deprimidas, enfermedad que provoca 800 suicidios diarios a nivel mundial.
- El 28.6% de la población (más de uno de cada cuatro mexicanos) entre 18 y 65 años ha sufrido, al menos una vez, una enfermedad o un trastorno mental. El trastorno psicológico más frecuente en México es la ansiedad, padecida por 14.3%; le siguen el abuso de sustancias (9.2%) y los trastornos afectivos, como la depresión (9.1%) y las fobias (7.1%); 18% de la población urbana entre 18 y 65 años padece un trastorno afectivo, principalmente depresión. 36% de los

mexicanos padecerá un desorden psiquiátrico antes de los 65 años, de estos, 20% desarrollará bipolaridad o depresión, 17.8% ansiedad y 11.9% abusará de sustancias.
- Según datos del Instituto Nacional de Estadística y Geografía (INEGI), y siguiendo la información del punto anterior, la tasa de suicidios se ha triplicado en los últimos 24 años, pasando de 2 182 defunciones registradas en 1994, a 6 808 en 2018.
- Aproximadamente 5% (o uno de cada 20 niñas, niños y adolescentes) tendrá un episodio depresivo antes de cumplir 19 años (DIF, 2020).
- En México el tratamiento se proporciona en centros especializados o del tercer nivel de atención (lo ideal sería en el primer nivel de atención). Esto quiere decir que las enfermedades mentales se atienden no al inicio, sino cuando la enfermedad está muy avanzada (Instituto Nacional de Psiquiatría Ramón de la Fuente Muñiz, 2018).
- Los trastornos más recurrentes entre adolescentes son problemas de aprendizaje, retraso mental, trastornos de ansiedad y por déficit de atención, depresión y uso de sustancias, así como intentos de suicidio (Benjet *et al.*, 2009).
- Las personas con enfermedades mentales severas mueren entre 20 y 30 años más jóvenes, tienen tasas más altas de desempleo y son más pobres que la población general.

Teniendo en cuenta los datos que acabas de leer, tu tarea salta a la vista y es la siguiente: no ser parte de estas estadísticas. ¿Y cómo hacer eso? Cultivando y construyendo cada uno de los componentes del bienestar que revisaremos a continuación.

Martin E.P. Seligman, considerado el padre de la psicología positiva, presentó en 2011 PERMA, una teoría y modelo del bienestar que hasta fechas recientes sigue siendo la propuesta más sólida y validada por la investigación experimental (que una teoría esté respaldada por la ciencia experimental la dota de confianza, certeza y seguridad, por lo que no se basa en "remedios caseros" ofrecidos por alguien).[1]

El modelo PERMA está compuesto por cinco elementos que se enlistan a continuación:

P de positividad o emoción positiva (*positivity*).
E de involucramiento o estar comprometido (*engagement*).
R de relaciones positivas (*relationships*).
M de significado o propósito (*meaning*).
A de logros o metas alcanzadas (*achievements*).

Asimismo, y como he dicho con anterioridad, cada uno de estos componentes será la brújula con la que trazarás tu camino hacia el bienestar.

¿Es lo mismo BIENESTAR QUE FELICIDAD?

Como he documentado en anteriores publicaciones, el bienestar se ha conceptualizado como "la sensación de felicidad que los individuos perciben de su propia persona (autoconcepto, necesidades básicas), sus relaciones interpersonales (pareja, familia, hijos, vecinos) y su esfera laboral" (Murrieta *apud* Sánchez-Aragón, 2009, p. 8). Asimismo, la *felicidad* suele definirse como un estado momentáneo presente de realización interior, que guarda relación con el bienestar que obtenemos al ejercitar los talentos y fortalezas de carácter que nos hacen únicos y contribuyen a mejorar nuestra vida, la de los que nos rodean y la de la sociedad. Derivado de lo anterior y tras una ardua tarea de relacionar los

---

[1] Aunque apareció en diversos artículos y revistas especializadas en psicología, el modelo PERMA se explica a detalle en el libro *Florecer* de Martin E.P. Seligman y a partir de ahí se ha estudiado y difundido a lo largo del mundo.

constructos a través de complejos análisis estadísticos, los psicólogos hemos encontrado que el bienestar y la felicidad se hallan significativamente relacionados (Barragán, 2013).

Pero expliquémoslo mejor: así como sería difícil profesar felicidad sin la sensación del bienestar, las personas tampoco podríamos decir que vivimos en bienestar y no sentirnos felices por eso. La principal diferencia entre uno y otro concepto es que la felicidad se siente y percibe en el presente, mientras que el bienestar ocupa los tres tiempos (pasado, presente y futuro). Piénsalo así: podemos sentirnos felices porque tenemos hijos que nos aman y nos demuestran su amor, pero no podemos sentirnos felices por algo que todavía no ha ocurrido, pues eso se llamaría esperanza, fe u optimismo. Es el mismo asunto con el pasado, pues la "felicidad en pasado" se llama añoranza, remembranza, satisfacción o gratitud. Sin embargo, al vivir en bienestar sí podemos sentirnos plenos y satisfechos por lo que hemos hecho, por lo que estamos haciendo y por lo que nos resta por hacer.

Es muy importante que nos quede claro el concepto de *bienestar*, de manera que no incurramos en errores, confusiones o, lo que sería lamentable, en engaños de esos en que nos envuelve la publicidad. En diversas ocasiones, la amplia oferta de productos y servicios nos seducen y nos hacen creer que realmente hallaremos bienestar en su consumo: si compramos el colchón de nuestros sueños, si tomamos el jugo que aún en empaque se elabora de manera natural, si nos operamos con cirugía láser los ojos o si viajamos a la playa y nos hospedamos en ese hotel cinco estrellas. Que no se malinterprete: algunos de estos productos y servicios por supuesto que contribuyen a nuestra salud física, a mejorar nuestros hábitos de alimentación o a tener un rato de ocio y descanso (según el caso), pero ninguno producirá una sensación de bienestar total, eterna o implica realizar menor esfuerzo para lograrla. No hay un producto "milagroso" como nos hacen creer, un servicio que resuelva todos los males o una marca exitosa que nos conduzca sin fallo a la felicidad total.

Curiosamente, la mayoría de nosotros sabe esto, pero el conocimiento parece no poder cambiar el hecho. Para comprobar esta premisa, te invito a realizar el siguiente ejercicio que suelo presentar a mis pacientes:

Supongamos que has resultado ganador de un concurso "x" y te has hecho acreedor a un premio de 500 000 pesos. ¿Qué harías con ese dinero? La mayor parte de la gente piensa inmediatamente en productos y servicios que podría adquirir en ese momento: ropa, autos, viajes, restaurantes de lujo, *gadgets*; es decir, aspectos que contribuirán a nuestra felicidad. Sin embargo, solo un porcentaje muy reducido (me toca escucharlo en un paciente de cada diez) pensará en situaciones o aspectos relacionados con su bienestar, tales como pagar deudas atrasadas, ahorrar una parte para la universidad de su hijo o hacer una generosa donación a una fundación o a alguien que lo requiera. Por supuesto, cada uno puede hacer lo que quiera con su premio, ¡es su dinero!, pero el ejercicio ayuda a diferenciar cuando trabajamos en nuestra felicidad presente o en los tres tiempos de los que hablamos (pasado, presente y futuro) y que competen al bienestar. El ejercicio se completa de la siguiente manera:

Ahora imagina que debes gastar ese dinero en lo que te hizo feliz en el pasado, lo que te hace feliz actualmente y lo que te haría feliz a largo plazo. Es lógico pensar que las respuestas de las personas cambian en gran medida, por lo que será habitual escucharlos decir algo como lo siguiente: "Gastaré una parte en obsequiarle cosas a las personas que me han ayudado en la vida (gratitud-pasado), me arreglaré los dientes para sentirme mejor conmigo mismo (felicidad-presente) y pagaré lo que debo de mi casa con tal de poder vivir más tranquilo (autorrealización-futuro).

Como puedes darte cuenta, el trabajo con el bienestar implica una estrategia mucha más integradora, completa y de larga duración para mantener nuestra salud mental, a diferencia de trabajar únicamente con la felicidad, que siempre atiende situaciones de nuestro presente.

Profundicemos un poco más en el tema a partir de la siguiente definición: bienestar es el juicio cognitivo global resultado de la combinación entre la satisfacción con la vida y el balance generado por la frecuencia de afecto positivo y negativo.

¿Qué implica esta definición? Por principio de cuentas, que el bienestar es algo personal, por ende, no se copia de recetas, decálogos o la opinión de la mayoría. Dicho de otro modo, podemos partir de una guía confiable, como este libro, pero las estrategias a desarrollar deberán tener nuestro sello personal, según nuestros gustos, deseos y preferencias.

Un juicio cognitivo global, como apunta esta definición, significa que pondremos en la balanza la resultante de nuestra vida hasta el momento, en cada una de las esferas de interacción en las que nos desenvolvemos (familiar, laboral, escolar, emocional, de pareja, social, de salud). Sopesaremos los acontecimientos vitales, tanto los positivos como los estresantes. Juzgaremos todos los hechos que nos han marcado y de los que tenemos memoria a partir de la primera infancia (comenzamos a recordar sucesos a partir de los 3 años), hasta la etapa de vida en que nos encontremos. En esencia, habremos de valorar "el todo", sin importar que seamos o no responsables de estos acontecimientos.

La "evaluación", sin embargo, no termina ahí, ojalá mientras lees esto estés también realizando tu propio juicio global porque la definición también alude a la frecuencia con que profesamos afecto positivo y negativo, y es ahí donde estriba la diferencia fundamental.

La frecuencia de afecto positivo o negativo, tal como la definimos los psicólogos, se refiere a cuántas emociones positivas y negativas ocurren en un periodo determinado y ante las diferentes situaciones que nos presenta la vida. Así, una persona puede juzgar toda su vida conyugal con base en la frecuencia de un tipo de emociones o de otras. Por ejemplo, ¿cuál será la frecuencia de afecto de una pareja que pelea constantemente, cuyos miembros desconfían uno del otro o se muestran indiferentes luego de varios años juntos? Evidentemente, el juicio global de esta pareja que sirve de ejemplo a lo expresado será de insatisfacción y en esta predominará un tipo de afecto negativo.

Es decir, juzgamos nuestro bienestar actual con base en la satisfacción percibida respecto a nuestra vida y en relación con el tipo de afecto que ha predominado.

Por otro lado, recordemos que, en términos del bienestar, no todo hace referencia al pasado para juzgar nuestra situación actual.

Del mismo modo, un funesto presente o en el que parece que nada te está saliendo bien, no determinará el futuro en el que quieres vivir. Lo hará si no haces nada al respecto o si dejas que la frecuencia de afecto negativo sea la que siga teniendo el mando. En cualquiera de los casos, siempre hay algo que hacer si estás dispuesto a trabajar en la cuestión y te vales de la ciencia para lograrlo.

Por último y para concluir este apartado, ni la felicidad ni el bienestar son algo que se busca o que espera nuestra llegada; ambos se construyen y no a través de soluciones mágicas, productos innovadores ni "decretos" sacados de la mente de algún impostor. Ambos requieren esfuerzo, compromiso, "evidencias de trabajo" y una dedicación permanentes. Se trata de construir la felicidad y el bienestar, indistintamente, bajo la lente de nuestros propios juicios. Ambos son la misión de cualquier persona que habita esta Tierra y, como cualquier misión, debemos contar con un plan, una estrategia, emprender acciones y juzgar los resultados obtenidos. De eso trata el trabajo que te propongo y que ya has iniciado.

2. Los componentes del bienestar

El modelo antecesor

Ahora que sabemos lo que queremos lograr, podemos hablar de cómo vamos a hacerlo. Es momento de conocer a detalle nuestra metodología de trabajo, como ya lo he mencinonado, ese es el modelo PERMA. Es fruto de la primera teoría ofrecida por Martin E.P. Seligman, conocida como Las tres vías de la felicidad, que incluían la *vida placentera, la vida buena* y *la vida con sentido.*

De acuerdo con este primer modelo, *la vida placentera* implica todas aquellas actividades que hacemos para cultivar el placer (hedonismo) y que sin duda resultan vías conducentes hacia la felicidad. Por ejemplo, disfrutar el helado de nuestra preferencia, pasar un rato acostados en el sillón o comprarnos la bolsa que vimos en el aparador días antes. Es, además, la búsqueda de emociones positivas así como de gratificaciones más que de puros placeres (ahorrar para emprender un viaje o comprarnos un auto).

Enseguida tenemos *la vida buena,* que comprende todas las actividades que realizamos para sentirnos bien con nosotros y nuestro desempeño. Son actividades sostenidas y voluntarias que nos permiten enfrentar los desafíos diarios y obtener resultados.

Asimismo, se define como el tipo de vida en la que podemos hacer uso y cultivo de las fortalezas personales que poseemos; fortalezas personales que al ponerlas en práctica producen gratificaciones únicas (sensación de éxito, satisfacción por el resultado, alegría desbordada por la consecución de logros).

Por otro lado, *la vida con sentido* se logra al hallar el sentido de nuestra propia existencia y depositar tales fortalezas personales en algo que nos trascienda. Es encontrar el propósito fundamental de lo que hacemos en algo más grande que nosotros. Así, una estudiante puede esforzarse por ser la mejor de la clase porque con su profesión busca "hacer la diferencia". O bien, un hombre mayor brindará ayuda desinteresada a personas en situación de calle, pues busca contribuir "con algo" a la sociedad o la nación en que ha vivido.

Como podemos observar, las tres vías son metas y deseos que perseguimos a lo largo de nuestra vida, pero que también pueden ser fruto de grandes frustraciones. Así, deambulamos entre "desear y tener", entre "esforzarme y conseguirlo", entre el "anhelo y la realidad", entre muchas otras dicotomías. Además, pueden presentarse en cualquier instante, convertirse en obsesiones y hacernos dudar de lo que somos capaces. Recuerdo a una paciente que creía que cuanto más buena fuera con la gente, más se aprovechaban de ella, lo que le hacía dudar de su concepto de bienestar y, evidentemente, le ocasionaba sufrimiento. Siguiendo este ejemplo, encauzar todos nuestros esfuerzos en obtener el máximo provecho de los tres tipos de vida ocasionaría que nos sintiéramos insatisfechos con el presente e impediría que disfrutáramos de algo. Así, la vida placentera produce "hedonistas puros", la vida buena "perfeccionistas de corazón" y la vida con sentido "fanáticos religiosos" (por mencionar algunos extremos).

Sin embargo, así como la búsqueda de algún tipo de felicidad ocasiona en muchos infelicidad, esta primera teoría también enseñaba a concatenar una vía con otra de una manera armónica, para traducirse en resultados mucho más alentadores. Veamos el siguiente ejemplo:

Sentirte atraído por tu pareja es una excelente manera de cultivar la vida placentera. Entre otras cosas, despierta el deseo, el erotismo, el juego de ambos de coquetearse mutuamente, en fin; la parte "linda" del enamoramiento. En palabras más simples: tu pareja te gusta mucho y no vacilas en reconocerlo; al contrario, te delatas y disfrutas con ello. Para cultivar la buena vida, buscarías encontrar aficiones y gustos en común con tu pareja para fortalecer el vínculo (al menos si deseas que tu relación prospere y no se quede estancada en el deseo erótico). En consecuencia, platicarías a profundidad con él o ella, le compartirías algunos secretos y buscarías desarrollar un conocimiento más profundo, ¿cierto? Y de esta forma estarías utilizando los talentos y habilidades con los que cuentas y que te salen bien, tales como ser amable, profesar el buen humor, ser un atento escucha o mostrarte abierto y receptivo (esto explica por qué al aparentar algo que no somos, no nos sentimos a gusto y eventualmente la pareja tampoco, pues lo percibe). Siguiendo este camino, lo invitarás al museo o restaurante que tanto te gusta, le demostrarás lo buen jugador de futbol que eres o le mostrarás el regalo que te dio tu abuela antes de fallecer, en fin; las actividades que te hacen sentir bien y deseas compartir con esta persona especial. Por último, aparecería la vida con sentido, aunque puede aparecer antes, lo común es que las personas sigan este orden, en la que a través del gusto (placer) y el conocimiento profundo, tarde o temprano les permitirá conformar una meta compartida y con miras a algo más grande que ustedes (por ejemplo, una pareja de abogados que decide abrir su propio despacho jurídico para sumar fuerzas y ayudar a las personas en toda clase de asuntos legales), o bien, la vida con sentido los podrá llevar a querer conformar una familia con hijos a quienes tratarán de educar de la mejor forma para que sean hombres o mujeres de bien.

Este ejemplo expone algo importante: en cualquiera de los casos, vías, caminos, situaciones o circunstancias de la vida en las que nos encontremos, las personas deben emprender acciones y no esperar que las cosas ocurran. Al mismo tiempo, no nos obliga a hacer algo de determinada manera: una pareja de años no tiene necesariamente que casarse y tener hijos; un estudiante dedicado al arte o a un oficio que le gusta no tiene obligatoriamente que cursar estudios universitarios, o bien, un trabajador no tiene que llegar hasta el puesto más alto en el organigrama para sentirse realizado y con una vida plena.

Este es el engaño al que me refería antes: así como no hay un significado único de éxito o felicidad para todos, tampoco lo hay para el bienestar. Cada uno de nosotros debe diseñar su propio plan e incluir en su lista los elementos que desee. Estos aspectos a incorporar no son señalados por los anuncios publicitarios, oradores motivacionales o los astros, por lo que convendrá no seguir caminos dados que solo pueden ser trazados por nosotros. ¿Estás listo para tomar acción por tu cuenta?

Ejercicio 1: Diseñar actividades para las tres vías

Siguiendo el hilo de la explicación del apartado anterior, ¿qué acción o cambio desearías realizar? Sigue estos pasos:

1) Escoge un ámbito de aplicación en el que la llevarás a cabo. Los principales son: familia, pareja, escuela, trabajo, personalidad y amigos.
2) Define la acción a realizar con el mayor lujo de detalle y que corresponda a la vida placentera. Evalúa si la puedes llevar a cabo enseguida, si depende de ti y si cuentas con los recursos necesarios para ejecutarla. En caso de que no, replantea la ac-

ción hasta que juzgues que es posible llevarla a buen término.
3) Encadena dicha acción con los otros tipos de vida (*buena vida y vida con sentido*). Es decir, reflexiona cómo esa acción puede volverse una actividad más completa, duradera y en la que estés utilizando los talentos y fortalezas con los que cuentas; así como el sentido o significado que tendrá para ti realizarla. ¿Qué lograrás? ¿En qué te ayudará? ¿Cómo crecerás como persona o a quiénes beneficiarás con esta acción? Recuerda, la vida con sentido implica algo más grande que tú, te dota de significado y trascendencia.
4) Escribe y deja en un lugar visible lo que decidiste en los pasos anteriores. Pon fecha de inicio y finalización (si es posible). De esta forma podrás monitorear lo que estás haciendo y cómo vas.
5) Recaba evidencias si así lo dispones (fotos, videos, bitácoras, relatorías, testimonios). Se trata de comprometerte con la meta y sentirte alentado con base en las evidencias recolectadas.

El ejercicio anterior es una invitación a cultivar el bienestar de manera integral y sistematizada. Con frecuencia, las personas que realizan el ejercicio quedan estancadas en la vida placentera, ya sea porque no saben integrar las otras dos o bien porque hay actividades que se basan enteramente en el placer y no pueden pasar de ahí. Por ejemplo, si decides que lo que harás es ir a comprarte tu helado favorito, el cual no pruebas desde hace años, cubrirás fácilmente el paso dos, pero no avanzarás de ahí. Es decir, ¿cómo disfrutar de un helado implica usar nuestras habilidades y hallar trascendencia en el hecho? Sin embargo, imaginemos que te gusta tocar un instrumento musical y puedes hacerlo en casa con relativa facilidad. Evidentemente en este caso estarás cultivando la vida placentera al igual que con el ejemplo del helado, pero ¿qué pasaría si decides aprender a tocar "Claro de luna", cosa que no has hecho y que implica un esfuerzo sostenido basado en lo que disfrutas y haces bien? ¿Se habría integrado la buena vida? Seguro que sí. Al final, y para concluir el ejercicio, reunirás a tu grupo de amigos para que te escuchen tocar esta melodía al tiempo que pasan un buen rato y tú te sentirás satisfecho por el resultado. Con esto último lograrías integrar la vida con sentido.

DE LAS TRES VÍAS A LOS CINCO COMPONENTES

Por fortuna, la ciencia es capaz de renovarse y evolucionar. El modelo PERMA es un maravilloso ejemplo de esto. Y es que conforme avanzaba la investigación en los temas y campos de estudio de la psicología positiva, dos elementos más comenzaron a aparecer con mayor frecuencia en toda clase de estudios relacionados con el bienestar.

En este sentido, destaco uno de los estudios longitudinales más importantes de la historia y que sigue vigente hasta el momento: el estudio sobre Desarrollo Adulto de la Universidad de Harvard. Mediante este estudio liderado por Robert Waldinger, los científicos y la sociedad en general nos enteramos de la única constante que hace que las personas sientan que han tenido una buena vida al ser juzgada por ellos mismos: la calidad en las relaciones interpersonales (Waldinger, 2015).

De acuerdo con los resultados de esta notable investigación, las personas, sin importar su origen étnico, sus ingresos económicos, niveles de salud en general, ocupación, predisposición genética y un sinnúmero de variables consideradas están más satisfechos con su vida si la calidad en sus relaciones interperso-

💡 ¿Te resulta una actividad complicada, poco útil en tu situación presente o no crees contar con el tiempo suficiente para llevarla a cabo? Recomendación: elabora tu plan de trabajo y colócalo a la vista para dar inicio en cuanto te sea posible. Y, claro, continúa con la lectura.

nales ha sido juzgada como superior. En síntesis, profesan mayor bienestar.

Al mismo tiempo, científicos de diferentes áreas y especialidades coincidieron en que la teoría inicial de Seligman estaba incompleta. "¿Y dónde están los logros de las personas?", decían, con la suficiente firmeza para repensar el modelo de las tres vías. Además, y como quizá ya hayas notado, el primer modelo hace referencia en mucha mayor medida a la felicidad que al bienestar, ocasionando malentendidos semánticos como asumir que es una teoría de la "felicidología", que básicamente nos enseña a estar "alegres" y siempre sonrientes.

Derivado de esta controversia, el autor de nuestro modelo elaboró el siguiente cuadro comparativo:

Cuadro 1.
Comparativo del modelo de las tres vías y el modelo PERMA

Teoría de las tres vías conducentes a la felicidad	*Teoría del bienestar*
Tema central: felicidad	Tema central: bienestar
Medida utilizada: satisfacción con la vida.	Medidas: emoción positiva, compromiso, sentido, relaciones positivas y logros.
Meta: aumentar la satisfacción con la vida.	Meta: florecer más mediante el aumento de la emoción positiva, el compromiso, el sentido, las relaciones positivas y el logro.

Dado que constantemente haremos alusión al término *florecer* o *florecimiento*, a continuación anoto una definición general: es un estado de salud mental caracterizado por altos niveles de bienestar subjetivo, psicológico y social, asociado con una alta proporción de afectividad positiva. Para florecer, una persona debe contar con todas las características básicas que se enlistan enseguida, y al menos tres de las secundarias:

- Características básicas: emociones positivas, compromiso, interés, sentido, propósito.
- Características secundarias: autoestima sana, optimismo, resiliencia, vitalidad, autodeterminación, relaciones positivas.

La meta del modelo de las tres vías es aumentar nuestros niveles de felicidad, mientras que el modelo PERMA contribuirá a aumentar nuestros niveles de bienestar al tiempo que nos permite florecer como individuos. Suena bien, ¿no es así?

Expuesta esta diferencia, pasemos a la explicación de cada uno de los componentes del modelo, seguida de un segundo ejercicio que nos permitirá saber dónde estamos parados, en relación con cada uno:

1) *Emoción positiva o positividad.* Se refiere a todo aquello que sentimos: alegría, placer, felicidad, júbilo, tranquilidad, deleite, interés, confianza, optimismo, calidez, comodidad, enamoramiento, esperanza. Son todas las emociones que conllevan una valencia de placer y que nos producen una sensación de agrado al experimentarlas o hacer que estas ocurran. Aunado a ello, la positividad (recuerda no confundirla con el optimismo) incluirá la satisfacción con la vida y el juicio que hacemos de esta en cuanto a afectividad. Similar a la vida placentera, implica valorar en términos generales cuántas emociones positivas se han presentado en nuestra vida

en comparación con las emociones negativas. De manera más técnica, las emociones positivas serán estados subjetivos que la persona experimenta debido a sus circunstancias personales y que involucran sentimientos en los cuales predomina el disfrute presente y la gratificación (saber extender el placer).

2) *Compromiso.* Implica involucrarse y comprometerse. Es la vinculación psicológica que hacemos con los retos que se nos presentan. Por ejemplo, incluirá todas nuestras "pasiones": *hobbies*, pasatiempos, proyectos escolares, actividades laborales, que hacemos porque nos causan una enorme satisfacción y las "amamos"; no importaría que nadie supiese de ellas o no las reconociera. De acuerdo con otras definiciones consensuadas, es la capacidad de permanecer atento, abstraído y dedicado con la acción o actividad que estamos ejecutando (piensa en el ejemplo de un clavadista olímpico antes de la inmersión y durante esta). Finalmente, se refiere a la capacidad de involucrarse de manera positiva en los actos del día a día por medio del uso de las fortalezas personales con las que contamos (similar a lo revisado en la buena vida del modelo anterior). En términos anglosajones, que con frecuencia encontramos en los ámbitos laborales, se denomina *engagement*.

3) *Relaciones positivas.* Con base en lo dicho, las relaciones positivas resultaron ser uno de los pilares más importantes en el trabajo del bienestar individual y afirmo que también del bienestar social. Tal como refieren los autores más representativos de la psicología positiva, ¿cuánto de lo que hacemos se hace en solitario? Poco, ¿no? De ahí que este componente haya ganado con facilidad la aceptación en la investigación experimental y luego en las intervenciones y aplicaciones diseñadas para tal fin (por supuesto, no se trata de decir que está mal estar solo, y conforme avancemos en la lectura, es algo en lo que profundizaremos). Cuidar y mantener

relaciones de calidad con nuestros semejantes es vital para nuestro florecimiento. Es dedicar el tiempo justo a nutrir las relaciones con las que contamos, con el fin de sentirnos apoyados y acompañados. Según esta argumentación, es también generarlas, confiando en que nos ayudarán a afrontar las adversidades de la vida.

4) *Significado.* Este componente guarda relación con dotar de significado a tu vida y todas las áreas que le competen. Asimismo, incluye el descubrimiento (gradual o espontáneo) de las condiciones para que lo que hacemos nos parezca valioso y valga la pena hacerlo (por ejemplo, aunque cambiar los pañales de nuestro bebé pueda ser una labor muy desagradable, la sensación de ser buenos padres habrá de perdurar con los años, si encontramos el sentido de la acción). Este cuarto componente implica creer que el sentido de nuestra existencia es de utilidad para algo más grande que nosotros mismos (trascendencia). Implica darle un propósito a nuestros proyectos y ocupaciones ya sea a nivel político, religioso, familiar o profesional. Lo anterior nos brinda la oportunidad de actuar con coherencia, establecer prioridades y actuar según ciertos valores y normas que a su vez nos proporcionarán orientación para cualquiera de nuestros propósitos. Así, el sentido se define como el grado en el que una persona comprende o percibe el significado de su vida, confiando en que tiene un propósito, misión o meta que cumplir.

5) *Logro.* Claramente es la resultante de nuestras acciones. Comprende la revisión de lo que hemos hecho, lo que hemos alcanzado y el hecho de sentirnos satisfechos con eso. A diferencia de la opinión popular, la capacidad de logro es individual, por lo que cambia de persona a persona. En consecuencia, no será necesario que ganemos una medalla, premio o reconocimiento internacional para considerar que hemos cultivado este componente, pues tal como refiere el concep-

to, la clave estriba en la satisfacción personal. Así, podremos agradecer a Dios, a la vida, a nuestra familia, a la existencia, aquello que hemos conseguido hasta ahora, aun a sabiendas de que es muy posible que nos falten metas por cumplir. De hecho, saber reconocer pequeños logros será una de las actividades fundamentales a realizar para el fortalecimiento de la autoestima. Aunado a ello, este componente conlleva el hecho de saber establecer metas, de desarrollar autocontrol y disciplina, además de saber que podemos perseguir el éxito en nuestros propios términos, brindándonos una sensación que nos ayuda a mantenernos en crecimiento continuo y a desarrollar nuestro potencial.

Ejercicio 2: Medición de tu florecimiento actual

Felicia Huppert y Timothy So, de la Universidad de Cambridge, se dedican a evaluar el florecimiento de los 27 países que conforman la Unión Europea, de acuerdo con las características básicas y secundarias que revisamos en párrafos anteriores. Toma una hoja de papel y lápiz y responde las seis preguntas que se incluyen en esta investigación como se indica:

1) *Positividad*. Pensando en términos generales, ¿qué tan feliz dirías que eres? Asigna una calificación de acuerdo con esta escala: 0 es nada feliz, 5 es medianamente feliz y 10 muy feliz.
2) *Compromiso, interés*. Pensando en la afirmación "Me encanta aprender cosas". ¿Estás de acuerdo o en desacuerdo?

💡 Sugerencia: copia cada elemento del modelo PERMA en una nota en tu teléfono, con el fin de que no pierdas de vista a qué se refiere cada uno y tengas claro el concepto y su significado.

3. *Autoestima.* Pensando en la afirmación "En general me siento bien conmigo mismo". ¿Estás de acuerdo o en desacuerdo?
4. *Optimismo.* Pensando en la afirmación: "Siempre soy muy optimista respecto a mi futuro". ¿Estás de acuerdo o en desacuerdo?
5. *Resiliencia.* Pensando en la afirmación "Cuando las cosas van mal en mi vida, casi siempre necesito mucho tiempo para recuperarme y volver a la normalidad". ¿Estás de acuerdo o en desacuerdo?
6. *Relaciones positivas.* Pensando en la afirmación "Hay personas en mi vida que realmente se interesan por mí". ¿Estás de acuerdo o en desacuerdo?

Como puedes ver, de lo que se trata es de saber qué tanto floreces. Asigna un punto por cada respuesta "de acuerdo" que hayas anotado, a excepción de la pregunta 5, donde el "desacuerdo" tendrá la calificación de uno. Suma estos valores con el número que asignaste en la pregunta 1. Si lo hiciste bien, tu puntaje estará entre 0 y 15. Utiliza la siguiente escala para ponderar los resultados obtenidos:

Puntuación obtenida	Rango al que corresponde
De 0 a 3	Tus niveles de florecimiento son escasos o nulos. Es probable que tus problemas actuales o pasados estén deteriorando tu salud mental óptima en más de un sentido.
De 4 a 7	Aunque te esfuerzas por florecer, hay situaciones o áreas de vida que muy probablemente estén afectando tu desempeño y funcionamiento óptimo. Es tiempo de revisar y analizar en qué áreas debes trabajar.

De 8 a 11	Tus niveles de florecimiento son adecuados, por lo que cuidas tu salud mental en términos generales, así como las variables asociadas con esta: autoestima, calidad de vida, calidad en las relaciones interpersonales. Dependiendo de tus respuestas marcadas, habrá desafíos importantes que resolver antes de que puedan ocasionar malestar.
De 12 a 15	Te encuentras floreciendo en la mayor parte de los ámbitos de tu vida. Te percibes feliz, comprometido y con una autoestima fortalecida. Encaras los retos diarios de la vida y te preocupas por aquello que es realmente importante.

En resumen, la meta de la psicología positiva es "florecer", que es la capacidad que tenemos como seres humanos de cultivar el bienestar en nuestros términos y de acuerdo con nuestros propios valores, creencias, condiciones y recursos.

Esta propuesta no trata de crear individuos, grupos o sociedades felices como si fuese una utopía, al contrario, busca contribuir al entendimiento del sufrimiento humano a partir de "lo que hacemos bien" y así comprender mejor las estrategias de cómo enfrentarlo. En síntesis, el malestar también se atiende desde el bienestar.

💡 Las actividades y estrategias para potenciar tu bienestar se describen en cada uno de los capítulos siguientes, según el orden de los componentes del modelo PERMA. Aunque no es estrictamente necesario realizarlas todas, procura prestarles la mayor atención, asignándoles los recursos y el tiempo necesarios. ¡Mucho éxito!

SEGUNDA PARTE

CONSTRUIR

Sin algo que merezca la pena hacer, las personas zozobran.
EMILY ESFAHANI

Nuestro deseo de que nuestros objetivos aumenten no tiene nada de malo, mientras disfrutemos de la lucha a lo largo del camino
SONYA LYUBOMIRSKY

3. Estrategias para cultivar emociones positivas

> *Positividad no significa que debamos seguir los principios de "sonríe y aguanta" o "no te preocupes, sé feliz", pues son simplemente deseos superficiales. La positividad es más profunda.*
>
> Barbara Fredrickson

Las emociones negativas y positivas son complementarias

Comencemos hablando acerca de la tristeza. La tristeza es una emoción que está presente en nuestra vida mucho más tiempo del que quisiéramos. No siempre sabemos manejarla ni lidiar con ella, lo que ocasiona todo tipo de males, entre los que destaca la depresión. Además, y cuéntame si no te ha pasado, contribuye a que tomemos decisiones equivocadas, cambiemos los planes que teníamos, nos alejemos de personas valiosas o, por el contrario, nos acerquemos a posibles adicciones (¿cuántos no consumen alcohol en exceso por la tristeza profunda que sienten en relación con algún aspecto de su vida?).

Por si fuera poco, a la tristeza se le pueden sumar aliados poderosos como la ira, la desesperanza, la ideación suicida, la anhedonia (incapacidad de disfrutar con algo), la desesperación, la amargura, las crisis existenciales, el desamor, el pesimismo, el rencor, la apatía, la indiferencia, las conductas violentas, el desapego, la baja autoestima y un largo etcétera. Por supuesto, no es que esta emoción en particular sea la artífice y principal responsable del malestar que vivimos, pero la tomo de ejemplo de cómo se vuelve un desafío en nuestra vida, al igual que muchas otras que necesitamos reconocer, comprender, asimilar y afrontar, en aras de salir bien librados en el cotidiano.

Puedo pensar, por ejemplo, que la tristeza fue el motivador para que compraras este libro (agradezco la confianza), si tu vida no está resultando como tú querías o si pasas por un mal momento. Quizá múltiples emociones cohabitan en ti que no te permiten sentirte pleno, valioso o al menos relajado. De la misma forma, puede ser que la tristeza esté impidiendo aceptarte o confiar en tus acciones, por lo que terminas haciendo lo que cualquier otro te dice (dependencia emocional). La misma emoción negativa te puede estar exponiendo a riesgos innecesarios, como mantener relaciones sexuales diversas sin protección o enfrascarte en peleas constantes (a esto lo llamamos *conducta temeraria*). Insisto, no porque la emoción como tal provoque o te dicte que te comportes así, pero sí es el sentir que impera en tu día a día; en otras palabras, la que te da la cara.

Si lo anterior es cierto para ti, entonces espero puedas ver la necesidad que se abre paso como una puerta que se empuja lentamente: hay que saber qué emociones estamos sintiendo.

Al inicio de mi trabajo clínico, es común que pregunte a los consultantes: ¿cuántas emociones conoces? Tú, lector: ¿cuántas emociones conoces? Si eres como la mayoría de los pacientes, mencionarás un listado de 10 o menos. Si eres estudiante de psicología o un avezado de la terapia, posiblemente logres mencionar entre 10 y 20. Pero he aquí la gran sorpresa: son más de 60 (y eso sin entrar en detalles con el asunto del idioma). Pasamos muchos años aprendiendo las capitales del mundo, cuántos ríos existen o los elementos de la tabla periódica, pero pocas veces nos enfrascamos en el complejo universo de las emociones, por lo que podemos tener 45 años y creer que solo existen unas cuantas. Entonces, una vez que mi paciente se rompe la cabeza tratando de pasar del listado de cinco o seis, viene la segunda pregunta: ¿cuántas emociones positivas existen? Para esta pregunta es muy frecuente que después de mencionar la alegría y el amor (los que la consideran emoción) se haga un silencio sepulcral y, claro, yo deba pasar a otra pregunta antes de que se agote el tiempo de la sesión. Tercera pregunta: ¿cuántas y cuáles has experimentado recientemente? Con base en su respuesta me doy cuenta de dos cosas: la mayoría de los pacientes han deambulado por las negativas como si fueran sus enemigas e ignoran las positivas aun cuando las estén viviendo todos los días.

Por eso inicié este capítulo con el ejemplo de la tristeza: estoy seguro de que no hay un solo ser humano que no haya pasado por alguna de las situaciones descritas y asociadas a esta emoción, pero pocos reconocen cómo la tristeza nos ayuda a enfrentar situaciones difíciles, a volvernos vulnerables para saber buscar ayuda, a desahogarnos para luego poder emprender la acción. Y, claro, no se trata de ver las emociones negativas como positivas, sino de entender sus beneficios y el porqué de su existencia.

Richard Lazarus (2003), uno de los críticos más severos de la psicología positiva, explica que las emociones negativas nos permiten hacer ajustes profundos y significativos en nuestra personalidad, así que quien te diga que las personas no cambian, está en un error. Las emociones negativas posibilitan el cambio (en términos sistémicos), sobre todo cuando han sido lo suficientemente intensas y frecuentes como para ya no querer eso en nuestra vida. Derivado de lo anterior, las crisis, traumas y experiencias negativas significativas, inducirán cambios en lo que somos y queremos ser después de esa vivencia.

Por otro lado, una emoción negativa experimentada a tope y con profundidad nos permitirá conectarnos con nuestro *yo* más profundo; nos revelará de lo que somos capaces y de lo que no, en aras de encontrar nuestros propios límites. Además, nos permiten conocer y comprender mejor el mundo en el que vivimos, pues de esta forma ganamos en sabiduría sobre lo que significa el sufrimiento humano.

Cuadro 2.
Clasificación de las emociones positivas por el momento en el que se centran

Emociones centradas en el pasado	*Emociones centradas en el presente*	*Emociones centradas en el futuro*
Son aquellas que están guiadas tanto por el pensamiento como por su interpretación.	Se dividen en placeres y gratificaciones. Los primeros suelen referirse a sensaciones y estados transitorios, mientras que las gratificaciones aluden a actividades.	Emociones que nos permiten alcanzar metas y enfrentarnos a desafíos.
Satisfacción Complacencia Realización personal Orgullo Serenidad	Alegría Éxtasis Tranquilidad Entusiasmo Euforia Placer Fluidez (flow) Diversión Júbilo Dicha Regocijo Gozo	Optimismo Esperanza Confianza Fe

Fuente: Barragán (2019).

El cuadro anterior no incluye todas las existentes, pero nos da una pista del tipo de emociones que hay, de acuerdo con el momento en el que están ancladas. Pregúntate: ¿cuáles crees que faltan?, ¿cuáles experimentas con mayor frecuencia y cuáles te cuesta trabajo identificar?, ¿cuáles quisieras empezar a cultivar?, ¿cuántas dejar de lado para recurrir a ellas solo cuando sea necesario? Ahora sí, agrego a continuación la lista de la gama de emociones que experimentamos:

Cuadro 3.
Listado de emociones positivas y emociones negativas

Emociones positivas	Emociones negativas
Alegría	Tristeza
Gratitud	Desdicha
Serenidad	Remordimiento
Interés	Enojo
Esperanza	Rencor
Orgullo propio	Amargura
Diversión	Apatía
Inspiración	Indiferencia
Asombro	Miedo
Amor	Desagrado/Asco
Disfrute	Rabia
Optimismo	Celos
Dicha	Envidia
Realización personal	Frustración
Confianza	Repugnancia social
Satisfacción	Pesimismo
Fluidez	Soberbia
Complacencia	Aburrimiento
Regocijo	Desamparo
Elevación	Decepción
Éxtasis	Confusión
Tranquilidad	Vergüenza
Fe	Inseguridad
Euforia	Sumisión
Placer	Desprecio
Júbilo	Ira
Gozo	Desesperanza
Empatía	Odio
Admiración	Culpa
Ternura	Terror
Ilusión	Tensión
Sorpresa	Desengaño

Emociones positivas	Emociones negativas
Atracción	Decaimiento
Cariño	Desconfianza
Engagement (compromiso)	Fastidio
Plenitud	Indignación
Nostalgia	Desesperación
Benevolencia	Pesadumbre
Simpatía	Desaliento
Consideración	Antipatía
Paciencia	Aborrecimiento

Importante: se incluyen las emociones positivas enlistadas en el cuadro anterior y además aparecen subrayadas las seis emociones básicas universales. Este listado es muy importante, por lo que regresarás a él en posteriores ejercicios.

Gestión y control de las emociones

El sistema límbico con el que contamos es una especie de cavernícola. No ha evolucionado mucho que digamos a lo largo de nuestra historia como humanidad y, por ende, se comporta como tal. Es más, no se diferencia mucho del cerebro de los reptiles, por lo que suele llamarse también "cerebro reptiliano". En el sistema límbico están implicadas muchas estructuras, como la amígdala (responsable de la agresión) y el hipotálamo, responsable, en buena medida, de la "conducta del amor". ¿Ya te diste

💡 No debemos asociar la palabra *positivo* con algo exclusivamente placentero, ni la palabra *negativo* solo con algo malo. Hay emociones positivas que no son placenteras, pero sí agradables, como la confianza, el orgullo y el interés. Al mismo tiempo, ninguna emoción negativa es mala *per se*, pues todas cumplen una función adaptativa para el organismo: si nunca nos enojáramos, cualquiera podría pisotear nuestros derechos, humillarnos o hacernos menos frente a los demás.

cuenta del problema? Efectivamente: también es el lugar en donde residen las emociones, tanto positivas como negativas.

Parecido al comportamiento de un niño pequeño, el sistema límbico se rige a partir de un sistema de recompensa o búsqueda del placer, y un sistema de evitación del dolor. En palabras más simples: actúa para sentir placer y evitar el displacer. El mundo actual, sin embargo, es infinitamente más complejo que eso, y claro, el sistema límbico era necesario para los hombres de la prehistoria, pero poco útil para el hombre actual.

Este sistema tan arcaico de nuestro cerebro difícilmente entenderá de razones (la parte de la razón está en el lóbulo frontal, que está bastante alejado), se dejará llevar por la emoción pura y ahí no hay cabida para los juicios, se enojará y cualquier razón le importará un bledo. Llorará y pensará que su situación es una verdadera tragedia, o buscará el placer a toda costa sin considerar que en el camino se perjudique a alguien o a varios. Intentar que esta parte de nuestro cerebro actúe de un modo distinto es una batalla perdida.

Esto no quiere decir que debamos resignarnos y aceptar que así son las cosas. Contamos con muchas otras estructuras que permiten manejar y controlar nuestras emociones, equilibrarlas con la razón, y mejorar así la toma de decisiones. Recuerdo el caso de una paciente que aprendió a gestionar sus emociones para dejar de actuar de manera impulsiva y con ello dejar de afectar su relación de pareja. Comprendió que comportarse como una adolescente desbordada solo le ocasionaba caos y más problemas, lo que desencadenaba un mayor malestar.

Una de las investigadoras más importantes de las emociones positivas, Barbara Fredrickson, nos enseña a "darnos cuenta" de las emociones positivas con las que contamos a través del siguiente ejercicio.

Intervención inicial de positividad

Piensa acerca de las siguientes emociones positivas y responde a las preguntas que se plantean. No sobreanalices. Lee y contesta.

Emociones positivas: disfrute, gratitud, tranquilidad, interés, esperanza, orgullo propio, diversión, inspiración, admiración, amor.

- ¿Cuándo fue la última vez que sentí cada una de estas emociones?
- ¿Dónde estaba?
- ¿Qué estaba haciendo?
- ¿Qué otra cosa me hizo sentir así?
- ¿Puedo pensar acerca de qué más desencadena esa emoción?
- ¿Qué puedo hacer para cultivar esa emoción en particular? (Fredrickson, 2009).

De lo que se trata es de asumir el control de las emociones por medio del conocimiento. Si podemos traerlas a la conciencia a voluntad, regularlas, nutrirnos de ellas y cultivarlas, entonces este componente del bienestar será de gran valor. Además, es importante recalcar que regular los estados afectivos no quiere decir eliminar los problemas; se trata de saber ganar el control y provocar la aparición de los estados afectivos deseados, según la situación en que nos encontremos. Así, poner en práctica este ejercicio es un buen inicio, sin importar que se trate de emociones positivas o negativas.

¿No queda del todo claro? Hablemos más al respecto.

Regular las emociones implica forzosamente usar algún tipo de estrategia mental, conductual o "emocional". Según esta idea, y a menos que ya conocieras el ejercicio anterior o alguno similar, las estrategias que usamos se basan en el sentido común y eso también suele ocasionar errores. Por ejemplo, en intervenciones clínicas especializadas, se enseña a las parejas a discutir y llegar a acuerdos de manera que ellos tengan el control sobre sus emociones y no al revés. De manera más específica, aprenden que hablar mientras están muy enojados no reporta ningún valor, ni se llega a un buen resultado (no te vas de aquí hasta que terminemos de hablar). ¿Por qué? Porque básicamente es el enojo el que habla por nosotros. Dejamos que el sistema límbico actúe libremente, y con dificultad, algo bueno puede salir de ahí. Discutimos y peleamos como si fuésemos cavernícolas (esto explica porqué solemos decir cosas muy hirientes durante los momentos de mayor tensión). Y así como usamos estrategias "más emocionales" que no ayudan mucho que digamos, también usamos otras con bastante frecuencia que nos hunden más en un profundo malestar. Veamos si podemos diferenciarlas:

Ejercicio 3: Estrategias útiles e inútiles en la gestión de emociones

Señala cuáles de estas estrategias pueden útiles y cuáles no, a la hora de gestionar adecuadamente tus emociones:

- Canalizar tu energía (emociones intensas como el enojo, la rabia y la frustración) en deportes de alto contacto como el box, el karate o similares.
- Reducir el estrés o tensión emocional recurriendo al alcohol u otras drogas ("voy a relajarme fumando o tomándome algunas cervezas al llegar a casa, pues me lo merezco").
- Evitar a las personas que me ponen de malas o las actividades que me causan desagrado ("cuánto odio hacer la limpieza de la casa, que la haga mi pareja").
- Realizar actividades que se conocen como "actividades pasivas", tales como ver la televisión, tomar café, comer o dormir.

- Pasar mucho tiempo solo.
- Canalizar mi energía a la activación física y en actividades tales como el gimnasio, la natación, el yoga o la relajación (*mindfulness*, por ejemplo).
- Realizar "esfuerzos cognitivos", tratando de entender por qué me sentí o siento así (tener un diálogo contigo mismo).
- Promover cambios en el estado de ánimo: relajarme escuchando música o meditando.
- Promover interacciones sociales: salir con personas o buscar a los amigos.
- Dedicar tiempo a *hobbies* y pasatiempos, o bien distraerme en algo.

Posiblemente el ejercicio te haya resultado más difícil de lo esperado, no obstante, era la intención, sobre todo porque como se mencionó antes, nuestras estrategias suelen estar plagadas del uso del sentido común y no de la evidencia científica. Te sorprenderá saber que las primeras cinco estrategias enlistadas no funcionan bien en la regulación emocional, mientras que las siguientes cinco suelen ser las que te recomendaría la ciencia del bienestar (Boniwell, 2012). Interesante, ¿no es así?

Basados en hallazgos como los anteriores, los profesionales de la salud mental solemos preguntarnos qué intervenciones funcionan mejor según cada caso y cómo podemos generalizar dichos resultados. Tal como decía al respecto Carl Jung: "El zapato que le ajusta bien a uno no suele quedarle bien a otro". Y es ahí donde una guía científica nos auxilia y da certeza en el trabajo de cultivar nuestra salud mental.

Al respecto, uno de los modelos más prominentes en cuanto a la gestión de las emociones es el de Mayer-Salovey-Caruso, nombrado Modelo del cociente emocional (EQ Model). De acuerdo con este, la inteligencia emocional es una serie de competencias o habilidades mentales que aparecen secuenciadas en cuatro etapas: 1) *percibir emociones*, 2) *usarlas*, 3) *comprenderlas* y 4) *gestionarlas*. Cerraremos este apartado con un ejercicio derivado de este modelo, el cual nos permitirá trabajar mejor con las estrategias de intervención de positividad que veremos a continuación.

Ejercicio 4: Del conocimiento al manejo adecuado de las emociones

1. Percibir emociones

Tal como hemos revisado a lo largo de este capítulo, existe un buen número de emociones que solemos pasar por alto o que ni siquiera sabíamos que existían. Así, no es lo mismo el enojo que la molestia o la ira; de la misma manera que estar feliz no es solamente estar "tranquilos". En consecuencia, hay una emoción o varias para cada estado afectivo por el que pasamos, y para este paso será necesario no solo sentirlas, sino percibirlas (la sensación equivaldría a la vivencia de la emoción pura, la percepción implicaría utilizar la atención plena). Por ejemplo, ¿qué emoción estás sintiendo mientras lees esto? Si dices "ninguna", te invito a que lo reconsideres. Por favor, vuelve a revisar el cuadro 3, página 53 donde viene un listado de todas las emociones, positivas y negativas que experimentamos. Quizá estás sintiendo tranquilidad, interés, disfrute o satisfacción personal; tal vez incluso desagrado si crees que este capítulo es especialmente engorroso. Lo cierto es que en cada hecho, situación o experiencia por la que atravesamos, las emociones están presentes y nadie nos lo había dicho.

Así, tu trabajo consiste en identificar y percibir con todos los sentidos y la parte frontal de tu cerebro (para no dejar que el "cavernícola" llamado sistema límbico tome el único mando) lo que estás viviendo, ya sea en relación con un hecho aciago o uno bienaventurado (es muy diferente sentir desagrado por tu pareja, que apatía, pesimismo o rencor, pero probablemente tú a todo lo llamas enojo). Además, la percepción de las emociones se debe aplicar con los demás de la misma forma. Algo que recomiendan los autores del modelo es que continuamente nos preguntemos: ¿cómo te sientes y cómo se están sintiendo los demás? Insisto: las estructuras del sistema límbico son muy egoístas, por lo que no podemos dejar que "hable solo". Hay personas que disfrutan infligiendo dolor a otros y eso no significa que estén experimentando positividad (emociones positivas), o quienes ante la rabia amarga que sienten son incapaces de percibir cómo se siente el de enfrente. En consecuencia, las dos estrategias son necesarias: cómo me siento y cómo se siente el otro. La respuesta adecuada nos permitirá mejorar significativamente nuestras habilidades sociales.

Información adicional

Al contrario de lo que nos han hecho creer, el estrés no siempre es malo ni desadaptativo. En realidad, lo necesitamos para funcionar de forma adecuada y realizar actividades de gran valor, por eso los psicólogos solemos usar el término *estrés positivo* o *eustrés*, para referirnos al tipo de estrés que nos ayuda a completar tareas, prosperar y encontrar la energía necesaria para avanzar en la vida. Aún más: sin el estrés positivo no podríamos levantarnos de la cama deseosos de iniciar ese tan anhelado proyecto; no querríamos ducharnos, irnos de vacaciones o terminar una carrera universitaria. El estrés positivo nos activa, nos pone en marcha para que, como cualquier otra especie, aprendamos a sobrevivir y adaptarnos al ambiente. Implica la motivación y el deseo de hacer nuevas cosas; es el nerviosismo "rico" que da al pararnos frente a un escenario para hablarle al público; es esa expectativa flotante que nos hace pensar en cómo habrán de resultar las cosas y, sí, también es la respuesta al organismo frente a lo que no nos salió bien y nos impulsa a seguir.

2. Utilización de las emociones percibidas

La regulación del afecto será la clave para que este paso se dé a lo largo del presente ejercicio, que consiste, en esencia, en el ajuste y control voluntario de lo que sentimos. No somos interruptores de activado-desactivado; contamos con matices y graduaciones como ocurre con los colores. Es decir, cualquier emoción que se dispara en nosotros, cuenta con un control de volumen que en muchas ocasiones no hemos visto o peor aún, no queremos hacer uso de él. A continuación se presenta el caso de una paciente atendida en mi consultorio, que permitirá ejemplificar mejor lo anterior:

Ejemplo representativo de un caso clínico

Paciente de sexo femenino, 19 años, bachillerato concluido, cursando la licenciatura en actuación, primeros semestres. Estado civil: soltera (aunque con pareja), vive con los padres y radica en la Ciudad de México.

Motivo de consulta: la paciente acude a psicoterapia por problemas comunes de relaciones interpersonales. Se suele llevar mal con otros y esto le ha ocasionado dificultades en otras áreas de su vida, entre las que destacan el área escolar, social y de relación de pareja.

Diagnóstico: luego de una evaluación preliminar por medio del uso de instrumentos y manuales de consulta en psicopatología,[1] la paciente presenta rasgos y síntomas del trastorno histriónico de la personalidad (deseos de llamar la atención, engreimiento, emotividad desbordada, deseos de sobresalir, egoísmo, impulsividad,

---

[1] Un ejemplo es el *Manual Diagnóstico y Estadístico de los Trastornos Mentales*, mejor conocido como DSMV.

expresividad cambiante, teatralidad e incomodidad en situaciones sociales, entre otros).

Descripción del caso: Daniela es un "caos total" en lo tocante a sus emociones, tal como documentan los signos y síntomas descritos. Al igual que una actriz (de ahí la elección de su carrera), busca ser vista a todas horas, acaparar los reflectores y ser alabada por el público a quien se dirige. Sin embargo, en esa búsqueda férrea de llamar la atención cualquier estratagema es válida, aun a costa de perjudicar sus relaciones sociales. De hecho, por esta razón no podía llevarse bien con las personas, pues Daniela literalmente debía hacer "circo, maroma y teatro" para que la volteasen a ver solo a ella. Además, parecía no reparar en el hecho.

Cuando se le cuestionó por qué era tan necesario que la volteasen a ver, ella explicó que era parte de su entrenamiento en su carrera profesional: "Si no logro que mi grupo me voltee a ver, menos lo lograré con mi público en televisión". Sin embargo, su actuar solo producía el efecto contrario: que las personas se alejaran de ella, pues es bien sabido que el engreimiento produce rechazo. Además, tener una conversación con Daniela era como subirle al máximo al volumen de las emociones o, por el contrario, bajarlo al mínimo donde no se escucha nada. Daniela podía pasar de la locuacidad y la mezcla exacerbada de las emociones, al aplanamiento emocional (disminución casi total del estado afectivo); sin importar la situación o la persona con la que se encontrase. Era efusiva con cualquiera (lo que le molestaba a su pareja) o la consideraban superficial (según sus palabras) al abordar cualquier tema en una conversación. Derivado de lo anterior, la tachaban de mentirosa, frívola o de que fingía para obtener algo a cambio. Al final, casi nadie podía confiar en ella y no la podían "tomar en serio".[2]

---

[2] Cada uno de los casos clínicos que se presentan a lo largo del libro se han cambiado lo suficiente para conservar el anonimato de los pacientes, aun cuando hayan dado su consentimiento para aparecer aquí. No obstante, se respetó la veracidad de la información clínica relevante y necesaria para la comprensión del caso.

Como pudimos ver en el caso anterior, gran parte del problema radica en la utilización de las emociones y no en el conocimiento de las mismas (paso 1 del modelo). De hecho, Daniela era muy buena para eso: entendía a la perfección la diferencia entre el deleite y el éxtasis, o entre la efusividad total y la indiferencia generalizada. El asunto es que no hacía uso de un verbo que promuevo con frecuencia en el contexto clínico: *elicitar* emociones. Elicitar es permitir que la emoción "pase", pero por medio del control y la voluntad; ni a raudales si no es necesario, ni disminuida, si se requiere potencia. En este sentido, como explica el modelo del cociente emocional, se trata de percibir la emoción que ocurre cuando voy a practicar una cirugía, y seleccionar tanto el grado como el matiz, así como las emociones asociadas a dicha tarea para ejecutarla con efectividad.

Se trata de saber qué nivel de intensidad requiero para poder pararme frente al escenario a tocar el violín o qué matices de emociones negativas y positivas me permitirán llegar a un acuerdo con mi pareja. Se trata de explotar de júbilo porque he logrado algo importante y me permito vanagloriarme por ello, o de mantener la esperanza ante un suceso desafortunado para no rendirme y hundirme en la depresión. En el caso de la paciente, se trata de maximizar las emociones estando en un escenario para demostrar que es buena como actriz, y quizá mostrarse más sobria y moderada al tratar con sus compañeros de universidad.

En resumen, es saber cuándo, dónde, cómo, y con quién utilizar mis emociones. Nadie dice que esté mal expresarse emocionalmente de forma libre, como aprendió Daniela, sino de una adaptación inteligente. Practica esta habilidad y la podrás identificar y desarrollar con otros.

3. Comprensión de las emociones percibidas

Si sigues con determinación la realización de este ejercicio (mi recomendación es que lo trabajes durante una semana en situaciones cotidianas y midas sus efectos), el tercer paso del desarrollo de tu cociente intelectual será mucho más asequible. Para este peldaño, la clave estriba en la "sabiduría emocional". Las emociones son complejas, volubles, hacen lo que quieren, no entienden de razones y según la cultura, la genética y la personalidad se comportan de maneras muy distintas. Pero ¿quién mejor para manejarlas que tú mismo? ¿Quién te conoce mejor que tú? ¿Quién mejor que tú para decir: soy así, siento así, vivo así, me emociono así...?

Muchos de nuestros problemas se resolverían si usáramos nuestro autoconocimiento en aras de poder decidir qué nos conviene y qué no. Un adolescente sabría decir "no" al que le ofrece una droga sin que le cause culpa o remordimiento (función desadaptativa de las emociones). Una mujer jamás permitiría la violencia física o verbal por parte de su pareja si supiera qué la hace valiosa ante el mundo y merecedora de un mejor amor. Un trabajador no estaría atado a un empleo que odia si reconociera de qué es capaz y con qué aptitudes cuenta —en psicología positiva llamamos a esto *fortalezas personales* y serán el pilar fundamental del siguiente componente del bienestar—. En fin, que conocernos mejor ayudaría en más de un sentido, como lo estamos resaltando en la comprensión de nuestras emociones.

Este tercer paso se logra entonces cuando sabemos la diferencia entre cómo soy con mi pareja y mi familia (por poner un ejemplo); cuando sabemos cómo nos enojamos y por eso es mejor no involucrarnos en situaciones que lo detonen; cuando sabemos de lo que es capaz de hacer el miedo con nosotros y por ello lo evitamos, o bien lo encaramos para que no nos doblegue. Es, asimismo, entender las razones de mi sentir, vivir con ellas y cambiar lo que puedo cambiar (en el caso de desear que las cosas mejoren). Esto implica un juicio ordenado, sistematizado y lógico de lo ocurrido, no para justificarme, sino para comprender el porqué de mis acciones.

Las personas que trabajan con su cociente emocional podrán responderse con relativa facilidad las siguientes preguntas: ¿por qué estoy sintiendo esto?, ¿qué significan para mí estas emociones?, ¿qué las causó?, ¿a dónde me podría llevar este sentir? Evidentemente, son las preguntas que te pido que respondas ahora para avanzar en el ejercicio.

4. Manejo y control

Un cociente emocional desarrollado a cabalidad se alcanza cuando somos capaces de manejar y autorregular nuestras emociones o estados afectivos. Tal como se explicó, hay un dónde, cuándo, cómo y porqué expresar una emoción. Aunque este paso parece "lógico", la realidad es que fallamos en él más de lo que creemos. Un automovilista que se pasa el alto no implica que tengamos que volvernos "monstruos de la ira" y alcanzarlo para gritarle e insultarlo (sin embargo, muchos hemos visto esa escena). Un estudiante que nos exaspera y saca de nuestras casillas no se traduce en que dejemos actuar a la agresión y tengamos conductas violentas (sin embargo, seguimos viendo con frecuencia casos en las noticias de que esto ocurre). Ser premiado y ovacionado frente a un auditorio no se traduce en que debamos controlar nuestro júbilo y evitar saltar de alegría porque podrían pensar mal de nosotros. Un joven que expresa amor y cariño a su pareja en público no significa que sea un exhibicionista y que la "buena moral" debería indicarle que está mal besar a la persona que ama si hay otros a su alrededor (sin embargo, miles de parejas ocultan o minimizan sus demostraciones de afecto porque no es adecuado, según la sociedad).

El cuarto y último peldaño del modelo de Mayer-Salovey-Caruso nos ayuda en este sentido. Dado que ya hemos encontrado el control del volumen de las emociones en el paso anterior, en este aprendemos a manejarlo a voluntad. Podrás ser capaz de identificar cuándo y dónde es apropiada o inapropiada una emoción, con independencia de otras personas, pensamientos intrusivos o cualquier otro aspecto que se ponga de por medio. Por ejemplo, sé lo que me enoja (paso 1), comprendo cómo soy cuándo experimento el enojo (paso 2), sé de mis matices y niveles de enojo (paso 3) y, en consecuencia, siento y vivo la emoción adecuada a la persona, situación, lugar y propósito (paso 4).

Siguiendo esta idea, la clave para la consecución del paso 4 es la práctica. El hábito no hace al monje y la mayoría estamos de acuerdo con esta necesidad. Y es que al igual que aprender a multiplicar, andar en bicicleta, cantar sin desentonar, hablar frente a un público, maquillarnos, cocinar y otras muchas cosas más, la práctica hace al maestro. No regularás la tristeza cada vez que quieras; no siempre evitarás tu histrionismo y teatralidad como le ocurría a Daniela; no dejarás de explotar cuando te colmen el plato o no dejarás de gritar eufórico en un lugar en que se prohíbe. Las caídas y descalabros son necesarios, siempre que aprendas de ellos. Por ejemplo, si una vez insultaste a tu pareja y mostraste arrepentimiento, se espera que sepas regularlo para la próxima ocasión en que discutas con ella. Si has dejado que el rencor como respuesta emocional se apodere, ocasionándote perjuicios y malestar, el futuro debería ser más alentador para ti al poner en práctica la esperanza, el optimismo o la confianza personal. Es decir, el manejo de las emociones para cada situación y según lo que requieras. En este sentido y para completar este paso te ayudarán las preguntas: ¿qué puedo hacer con esta emoción?, ¿cómo puedo regularla?, ¿para qué me serviría sentir esto en este momento? o ¿qué deseo lograr al sentir esto?

Estas preguntas sirven para absolutamente todas las emociones, por lo que si aún tienes dudas de algunas, debes regresar al paso 1 o incluso al inicio de este capítulo, según sea el caso. Sí, las emociones son complejas y cambian todo el tiempo, pero eso no implica que no podamos gestionarlas con la efectividad necesaria.

Cada emoción tiene un propósito. A cada emoción le queda mejor un hecho, situación o persona. Cada emoción tiene un dónde y un cuándo. Ninguna es más útil que otra. Ninguna es más necesaria. Y ninguna se tiene que desechar. De lo que se trata es de reconocer el valor y la función adaptativa de todas las emociones existentes y armar nuestro propio coctel: saber cuándo se debe expresar amor (aún hay padres que evitan esto a toda costa para no sentirse vulnerables); con quién ser efusivo porque nos lo permite, y con quién no; dónde discutir con nuestra pareja y hasta qué grado, antes de volverlo una afrenta desmedida. Emociones, sentimientos, afectos, estados emocionales, todos siguen esta dinámica y la práctica nos acerca y revela la verdad de lo que queremos y de lo que no. De ahí que personas emocionalmente inteligentes (quienes completaron el ejercicio y lo viven día a día), son personas que disfrutan mayor bienestar, cuentan con una autoestima mucho más fortalecida, desarrollan habilidades sociales, mejoran la calidad de sus relaciones interpersonales, muestran conductas prosociales (están más dispuestos a ayudar a otros), tienen un mejor estado de ánimo (están más alegres más tiempo), son menos proclives a la violencia, obtienen más logros académicos, son mejores líderes y desarrollan mejores planes de vida y carrera en lo profesional, entre otros beneficios que ha reportado la investigación científica (Goleman, 1997; Salovey *et al.*, 2008; Brackett *et al.*, 2004). De nuevo, es una habilidad que vale la pena dominar y llevar a cabo.

Estrategias de positividad

Otra definición más de *florecimiento* dice: "es un estado de la salud mental positivo que posibilita nuestro crecimiento y progreso, al tiempo que nos aleja de las enfermedades mentales, en donde nos sentimos llenos de vitalidad y funcionando adecuadamente en nuestro fuero interno y en el contexto social al que pertenecemos" (Michalec *et al.*, 2009, p. 393). De acuerdo con esta definición, y en alusión al componente de la positividad, las emociones positivas son un factor fundamental de nuestro bienestar, del florecimiento al que aspiramos y de nuestra salud mental positiva. Además, es una tarea inacabada, pues de acuerdo con las últimas mediciones sobre el florecimiento, tan solo 18% de los adultos investigados cubren los criterios e indicadores de este concepto, mientras que 17% se clasifica en su opuesto (*languishing*, que equivale a decir padecer, languidecer o sufrir). Y, claro, el resto queda en el medio, o como decimos coloquialmente: entre azul y buenas noches; es por esto que las estrategias de positividad buscan equilibrar la balanza o, mejor dicho, inclinarla más hacia el afecto positivo; con base en los descubrimientos científicos al respecto, la proporción sugerida es de 3:1 (tres emociones positivas por una negativa). Esta proporción tan desafiante, pero tan benéfica, la proponen cada vez más estudios experimentales que la han puesto a prueba y ofrecen alentadores resultados. En palabras más simples: funciona para nuestro bienestar (Fredrickson y Losada, 2005).

El componente se llama, por eso, positividad y no "equilibrio emocional", sobre todo si deseamos que el florecimiento ocurra y se presente en nuestra vida. Pregúntate: ¿cómo es más probable que avancemos en el desarrollo de proyectos y metas como padres, hijos, estudiantes, cónyuges? ¿Por medio del cultivo exclusivo de las emociones negativas? ¿O si potenciamos más las positivas y estamos preparados para cuando se presenten las negativas?

Pero además hay otra buena razón para desarrollar la positividad en tres a uno: produce felicidad y bienestar duradero. Respecto a la felicidad, la confianza y el autocontrol emocional son buenos predictores de esta. En cuanto al bienestar, emociones como el optimismo, la fe, la esperanza y la confianza en el organismo producen un bienestar subjetivo duradero, lo que a su vez aumenta nuestros años de vida, genera resiliencia (sobreponerse mejor a las adversidades de la vida y mayor capacidad de adaptación) y mejora nuestra conexión con otros seres humanos (recordemos que las relaciones interpersonales significativas son otro componente de nuestro modelo).

Derivado de lo anterior, las siguientes técnicas nos permitirán trabajar con la positividad antes de pasar al siguiente componente del modelo. ¡Que las disfrutes!

Las tres puertas

Piensa en una situación en la que desees trabajar... El motivo de tu malestar, la que consideras es la causa de tu sufrimiento o el hecho por el que la estás pasando mal. Tal vez es algo que te ocurre en el trabajo, un suceso adverso que cambió tu perspectiva de vida para mal, o la última pelea que tuviste con tu pareja o hijos. Lo importante es que lo traigas a la memoria sin ningún filtro: recuérdalo como pasó, lo que sentiste y lo que dijiste. Rememora qué pasó momentos antes, durante y después del hecho en cuestión. Puedes cerrar los ojos si lo deseas y ya con el recuerdo presente seguir leyendo. También procura no distorsionar nada: revívelo como fue sin importar que te haga sentir mal, te produzca culpa, vergüenza, desagrado, desesperanza o cualquier emoción negativa. Sabes que lo acontecido te lastimó y posiblemente lo siga haciendo. Quizás empieces a sentir tristeza o angustia por no saber cómo afrontarlo o seguir adelante. Tal vez ni siquiera depende de ti resolverlo y eso te frustra aún más. De cualquier forma, evoca la escena con lujo de detalles y repasa mentalmente todo como si se tratase de una película o una historia que te estás narrando de principio a fin.

Una vez hecho lo anterior, pregúntate y respóndete: ¿cuáles son las tres puertas que se te cerraron? Es decir, ¿qué consecuencias acarreó o habrá de producir? Por ejemplo, haber perdido mi trabajo por la discusión que tuve con mi jefa me ha ocasionado mucha incertidumbre ante el futuro (puerta 1), me ha hecho ganarme una mala reputación en el medio en que me desenvuelvo (puerta 2) y está ocasionando que me endeude, puesto que ya consumí todos mis ahorros (puerta 3). Es decir, puedes "machacarte" libremente y sin tapujos. Habla de lo mal que está tu situación, de los graves perjuicios que se han suscitado; siéntete mal a propósito, enlistando tres cosas "negativas" que se hayan sumado al ya de por sí desafortunado evento. Pero no rebases las tres puertas, pues es lo que está permitido.

Pasado este primer momento del ejercicio, respira hondo y te contestarás ahora la siguiente pregunta: ¿cuáles son las tres puertas que se te abrieron? Sí, ya tienes las puertas que se te cerraron, ahora debes visualizar las tres puertas que crees que se te hayan abierto en consecuencia.

Aunque te cueste trabajo, profundiza y persevera. Sí, es difícil ver lo bueno en un suceso tan inundado de malestar, o que incluso creas que no hay nada bueno en el hecho, pero sigue intentándolo. Es cierto, hay sucesos que no tienen nada de bueno (un secuestro, una violación o una experiencia muy traumática), pero muchos otros sí y simplemente nos negamos a verlo porque el otro grupo de emociones no nos lo permite. Regresando al ejemplo propuesto, la persona podría ver que a partir de su despido, por fin podría empezar a dedicarse a lo que realmente le apasiona (puerta 1), que hay más personas de las que creía con las que cuenta y puede sentirse apoyado (puerta 2), o que es la manera que tuvo la vida de poner a prueba sus verdaderas capacidades (puerta 3). Es decir, trata de desarrollar un pensamiento más flexible, así como un estilo de afrontamiento que te favorezca más. Es más fácil pensar en las puertas que se nos cerraron, ¿cierto? Esto ocurre porque es más fácil criticarnos, angustiarnos, catastrofizar lo ocurrido, martirizarnos o torturarnos para no tener que enfrentarnos a la situación. No obstante, las tres puertas que se abren nos enseñan y nos permiten aprender de la esperanza, el optimismo y lo que sí podemos hacer, por ende, serán aún más importantes.

También es probable que no "des" con las puertas en un principio. Tal vez te lleve el resto de la tarde o incluso una semana completa. No importa. Sin embargo, procura visualizar y hallar las tres puertas con el mismo detalle que hiciste en las primeras tres. De hecho, no importará en un inicio si ni siquiera crees en ellas (a lo mejor las consideras falsas esperanzas, "engaños mentales" o sueños imposibles). De todas formas tenlas presentes y deja que la esperanza y el optimismo, como emociones que viven en ti, hagan su trabajo.

Por último, evalúa qué tan viable es cruzar por las puertas que se abrieron. ¿Son una opción a considerar o no? ¿Puedes intentar ponerlas en marcha y ver qué resulta? ¿Cómo, cuándo y dónde empezar a hacerlo? ¿Con qué recursos cuento o qué me impide transitar por esa puerta que sé que me haría bien? En cuanto logras responder algunas de estas preguntas, la estrategia habrá cumplido su propósito y podrás pasar del pensamiento a la acción. Podrás atravesar alguna o varias de estas puertas si así tú lo decides.

Consideraciones acerca de esta estrategia

Las tres puertas es una herramienta desarrollada por Martin E.P. Seligman que nos permite ver los acontecimientos negativos como algo temporal (el suceso no es permanente), modificable (probablemente puedo hacer algo al respecto) y local (afecta una o varias áreas de mi vida, pero no todas). Pese a esto y tal como se mencionó en el desarrollo de su implementación, no será de utilidad para situaciones muy estresantes y de una magnitud mayor. No es un ejercicio que se deba realizar con sucesos como accidentes trágicos, muerte de familiares o personas significativas, o eventos traumáticos como haber sido víctimas de un secuestro, violación, acoso sexual o diferentes tipos de violencia. Para estos casos, la atención de uno o varios especialistas es requisito indispensable para la pronta recuperación del paciente.

Por otro lado, y con base en mi experiencia clínica, esta estrategia renueva la esperanza y algunas otras emociones centradas en el futuro, tales como la autoconfianza, la fe y el entusiasmo de querer estar mejor y enmendar el camino. ¿Autoengaño? Por supuesto que no, pues la situación conflictiva sigue ahí produciendo malestar y el ejercicio les permite reconocerlo libremente. De lo que se trata aquí es de equilibrar un poco la balanza de sus emociones y en ese sentido "las tres puertas" pueden abrirse en una multiplicidad de escenarios y situaciones.

La escritura expresiva

Imaginemos que eres una persona a la que le cuesta trabajo expresarse, ya sea con otros o consigo misma. Tal vez no se te da nada bien contarle tus problemas a un desconocido (como un psicoterapeuta o psiquiatra), has aprendido a hacerte el fuerte o simplemente no sabes cómo empezar a nombrar, comprender, regular y gestionar tus emociones (el modelo del cociente emocional que revisamos), o bien, has probado otras formas de expresión emocional sin que ninguna parezca dar en el clavo o te acomode. Bueno, pues entonces puedes probar con la escritura expresiva.

Consigue una libreta o una computadora donde puedas realizar lo siguiente: durante los cuatro próximos días quisiera que escribieras sobre tus pensamientos y sentimientos más profundos y con respecto a la experiencia más traumática de tu vida. Al escribir, quisiera que des rienda suelta y analices estas emociones y pensamientos. Puedes asociar el tema con tus relaciones con los demás, incluidos tus padres, tus compañeros sentimentales, tus amigos o tus familiares, o con tu pasado, presente o futuro; con quien has sido hasta hoy, te gustaría ser o eres en este momento. Puedes escribir sobre las mismas cuestiones o experiencias generales todos los días o sobre un trauma o suceso o adversidad diferente en cada ocasión. Te pido que escribas 15 minutos cada día como mínimo y el tiempo que quieras como máximo. Solo recuerda: debes hacerlo durante los próximos cuatro días para que el ejercicio surta efecto y empieces a notar las ventajas de la escritura expresiva.

Consideraciones acerca de esta estrategia

Primero, es importante mencionarte que si estás llevando a cabo el ejercicio anterior, no leas esta parte o te arruinarás la experiencia. Te recomiendo leer los siguientes párrafos después de haber completado al menos los cuatro días de escritura.

La prescripción terapéutica aquí descrita la propuso Pennebaker (1997, 2018) en sus estudios acerca de la escritura expresiva y fue retomada como una de las estrategias para afrontar situaciones adversas en la metodología de la felicidad de Lyubomirsky (2008). De acuerdo con estos investigadores y los resultados fruto de su trabajo, la escritura expresiva no funge como una especie de "catarsis emocional", sino como un proceso que nos ayuda a comprender, aceptar y encontrar una explicación a un suceso. De hecho, la catarsis como nos la ha enseñado el psicoanálisis parece reportar muy poco valor para los pacientes si no se encauza hacia un sentido o propósito (por ejemplo, ¿qué sentido tuvo para mí haber vivido esto?).

La terapia narrativa sabe también mucho sobre esto, al ayudar a los pacientes a hacer construcciones y deconstrucciones de sus relatos que, sin importar cuándo y cómo hayan ocurrido, siguen produciéndoles malestar. En esencia, los consultantes aprenden a contarse una historia alternativa de lo acontecido, una con la que puedan lidiar y no provoque tanto dolor y sufrimiento.

Además, la escritura ha resultado mucho más efectiva en tratamientos psicoterapéuticos en relación con ejercicios o técnicas del tipo verbal. Es decir, se reportan más y mejores beneficios cuando se nos asigna una tarea escrita que una verbal. Lo anterior se explica con base en el mayor número de procesos cognitivos e interconexiones que realizamos al escribir cierto relato que al solo contarlo; de hecho, la escritura le devuelve el orden a los sucesos y emociones relacionadas, y minimiza el caos mental que ocurre cuando solo pensamos en el hecho. De manera sucinta, no divagamos tanto.

Entre los beneficios de la escritura expresiva está descargar nuestras emociones al explorar experiencias en detalle y conocer nuestras emociones de manera más profunda. Pero además mejora nuestra salud: de acuerdo con Pennebaker (1997, 2018) las personas que llevan este tipo de diario o registro de acontecimientos acuden menos a consultas médicas, mejora su sistema inmunológico, manifiestan menos episodios depresivos, mejoran sus notas académicas y les es más fácil encontrar trabajo después de cierto tiempo de inactividad.

Savoring o saboreo

La capacidad de disfrute es algo que hemos descuidado entre el ajetreo de la vida misma. Con frecuencia solemos pasar por alto nuestras propias sensaciones y dejamos de "saborear" con la misma facilidad con la que nos estresamos. La consecuencia es que vivimos dejando pasar los buenos momentos o las pequeñas alegrías que nos da la vida a diario, como contemplar un amanecer, disfrutar un buen café o reír libremente en compañía de los amigos.

La técnica del *savoring* fue propuesta por Fred B. Bryant y Joseph Veroff, de la Universidad de Loyola (Prada, 2005), con el fin recién descrito. Se basa en tomar conciencia del placer a través de la atención deliberada y para eso propone dos caminos: compartir con alguien esos momentos especiales, o bien, tomar fotografías mentales de lo que sucede, guardarlo en la memoria y rememorarlo con otros.

Pero vayamos más allá, pues de eso se trata. El saboreo tiene cuatro modalidades y son con las que buscas maximizar tu experiencia: enorgullecerte, agradecerte, asombrarte y maximizar el uso de nuestros sentidos.

1) *Enorgullecerte*. recuerda lo último que hiciste bien, tu más reciente logro, una experiencia satisfactoria, un triunfo o simplemente algo que te enorgullece de ti mismo. ¿Listo? Ahora profundiza en ello: rememora lo que pasó y revívelo a detalle. Asocia tus emociones al recuerdo y promueve el disfrute. Siente cómo se infla tu pecho. Ovaciónate. Apláudete por ese logro y una vez logrado lo anterior, ve a compartirlo con otros. No dejarás de ser humilde por eso, al contrario, hacerlo te fortalecerá y te hará sentir pleno. Todos solemos tener logros valiosos, pero es común prestarle más atención a los fracasos y equivocaciones. Recuerda que el orgullo es una emoción centrada en el pasado, por lo que nos servirá notablemente si queremos reconocer lo bien hecho en experiencias pasadas.

2) *Agradecerte*. Solemos agradecer a otros (si lo hacemos), pero pocas veces a nosotros mismos. Esta modalidad se basa en mostrar agradecimiento por aquello que hemos alcanzado

o por transitar por el camino adecuado. La gratitud es una emoción positiva, por lo que será fácil asociarla al saboreo diciéndonos gracias por lo que va bien o al haber concluido algo y poder decirnos "misión cumplida". Solo recuerda, agradécete a ti por encima de cualquier otra persona o poder superior, pues eso lo podrás hacer en otros momentos. Aquí el más importante eres tú.

3) *Asombrarte.* No podemos asombrarnos si estamos haciendo lo mismo todos los días. La rutina y los hábitos son buenos, pero ¿hace cuánto no caminas por un lugar nuevo o haces una nueva amistad? Conozco infinidad de personas que jamás salen del municipio o alcaldía en el que viven; frecuentan siempre los mismos lugares o se visten treinta años de la misma forma. La capacidad de asombro tiene que ver con redescubrir e ir más allá de lo conocido. Puedes iniciar con cosas sencillas como pedir algo diferente del menú, perderte por algunas calles del rumbo o ver otro tipo de películas. Una vez que lo hayas logrado, será más fácil buscar las novedades que te ofrece el mundo a tu alrededor.

4) *Maximizar el uso de tus sentidos.* Trata de permanecer inmerso en la experiencia. ¿Qué tal si te relajas en casa, te desconectas de todo, pones música tranquila y degustas una copa de vino? O bien, ¿qué opinas acerca de visitar un museo que añoras desde hace mucho, te colocas audífonos que te dejen escuchar música clásica y le dedicas todo el día en vez de un "ratito" como sueles hacerlo? Tal como hace un catador de vinos, maximizar el uso de nuestros sentidos mejora la experiencia de manera significativa, nos permite desarrollar la positividad y en consecuencia hará que nos sintamos bien. Se trata de extender el placer hasta donde no lo permitamos, sin distractores, sin pensamientos intrusivos y haciendo que cada uno de nuestros sentidos trabaje y aflore con miras a nuestro bienestar.

Bryant y Veroff (2007) explican que las personas tienen la capacidad de atender, apreciar, mantener y maximizar los eventos positivos que ocurren en su vida, por lo que no debería resultarles tan complicado quedar "inmersos" en la experiencia del *savoring*. El reto estriba en saber concentrarnos y prestarle atención a nuestros sentidos y emociones asociadas. De hecho, el saboreo puede darse con tanta frecuencia en nuestra vida que prácticamente solo se trata de voltear a nuestro alrededor.

Prestar atención a los elementos que forman parte de tu ambiente y permanecer absorto en ellos. Atender el "aquí y ahora", con independencia de factores ajenos o que nos regresan al malestar y lo que va mal. Asimismo, rememorar alegrías pasadas que permanecen en el almacén de recuerdos y hemos dejado que se empolven. En fin, la práctica del saboreo cuenta con múltiples vertientes tomadas de los cuatro tipos de modalidades. Podríamos intentar uno por semana y, como siempre, evaluar los resultados obtenidos.

Consideraciones acerca de esta estrategia

Podemos ignorar muy fácilmente la técnica del *savoring* si no somos honestos con nosotros mismos: es común que al trabajar este ejercicio con mis pacientes refieran que ya hacen muchas de las cosas que incluye "saborear con los sentidos y disfrutar de las alegrías de la vida". Expresan que claro que comen helado, que observan la majestuosidad de una luna llena o que se han detenido a contemplar una obra de arte mientras caminaban por tal o cual lugar. Sin embargo, al ahondar en la cuestión descubrimos que sí comen helado, pero mientras trabajan en su computadora; que sí observan la luna, pero no más de cinco segundos o solamente una vez al año; que sí se detienen a contemplar una obra de arte, pero al mismo tiempo están pensando en sus problemas.

Aquello no puede considerarse "saboreo". Como hemos revisado en el ejercicio, se debe prestar atención total al estímulo. Similar a la práctica del *mindfulness*, el *savoring* se basa en el uso sabio de los sentidos, la concentración y la absorción por completo de lo que experimentamos. Además, será doblemente valioso si aprendemos a compartirlo con los demás, como proponen los autores del término.

💡 Cada capítulo contiene diversas estrategias y ejercicios que puedes cultivar para vivir en bienestar. Sin embargo, no es necesario implementar todas las estrategias al mismo tiempo, sino las que tengan sentido para ti y desees comprometerte con ellas.

4. Estrategias para cultivar compromiso o *engagement*

> Así como la excelencia de la vida individual depende en gran medida de cómo se aprovecha el tiempo libre, también la calidad de una sociedad depende de aquello que sus miembros hacen con el tiempo desocupado.
>
> Mihály Csíkszentmihályi

¿Qué es el compromiso?

Carol Ryff (Ryff y Singer, 2008) define el *bienestar psicológico* como la capacidad para desarrollar al máximo nuestro potencial buscando el lado positivo de la vida, con el propósito de cumplir con las metas planteadas. Por lo tanto, la finalidad consiste en reconocer esas habilidades y ponerlas en práctica.

Respecto a esta definición, podríamos inferir la importancia que tiene comprometernos con nosotros mismos y lo que queremos, en aras de aumentar nuestro bienestar. De hecho, parecería ser el ideal de una vida plena: desarrollar mi potencial por medio del uso y cultivo de mis habilidades, y alcanzar así todas mis metas, ya sea profesionales, familiares, en mis relaciones de pareja, académicas. Es una especie de fórmula infalible, al menos si somos de aquellas personas que nos gusta simplificar las cosas.

Sin embargo, la realidad es otra y eso no quiere decir que la definición de bienestar de la psicóloga esté mal; el asunto es que mantener el compromiso en algo o alguien es más difícil de lo que parece, ¿cierto? Es más, pese a que tenga clara la meta, sepa con qué habilidades cuento y las pueda utilizar libremente (por ejemplo, siendo creativo en mi trabajo para lograr cierto resultado), el compromiso o involucramiento fluctúa con base en múltiples factores. Así, desistimos, dejamos las cosas a medias, las terminamos mal o las abandonamos un tiempo para retomarlas después (por citar algunos casos). O bien nos comprometemos en una relación de pareja dando lo mejor de nosotros y aun así puede que en unos años se deteriore y ocasione problemas de todo tipo, como infidelidades, mentiras, deseo sexual hipoactivo (disminución del deseo), monotonía. Es decir, el compromiso no es una cosa segura (no se da por hecho), no llega y permanece con nosotros de manera indeterminada, varía según infinidad de situaciones y, aparentemente, debe renovarse para mantenerse.

¿Qué es ser comprometido? La respuesta es bastante complicada: ¿alguien que dejó sus adicciones es una persona comprometida? ¿Aquel que cuida el medio ambiente? ¿La pareja que lleva 19 años juntos? ¿El fiscalista que trabaja hasta muy tarde? ¿El joven que aprende un nuevo idioma? ¿O todos, a su modo y según sus metas de vida?

Aunque los psicólogos definimos el término teóricamente, la definición operacional (en la práctica) es mucho más compleja. Por ejemplo, los psicoterapeutas debemos enfatizar el compromiso de los pacientes para con su proceso terapéutico: les explicamos que la posible mejoría depende de su compromiso individual o que obtendrán mejores resultados en la medida en que dediquen tiempo a su salud mental, a las prescripciones o tareas terapéuticas que se les dejan, pero ¿es compromiso si cumple con lo anterior solo por obligación? Finalmente lo hizo, pero ¿cómo se evalúa ese aspecto? O en otro contexto: ¿es compromiso si el trabajador concluyó su proyecto a cambio de una bonificación adicional? ¿Está más comprometido el que trabaja sin retribución económica? ¿O a ambos se les juzga de la misma manera, pues a final de cuentas ambos están trabajando en su bienestar?

Preguntas como las anteriores son importantes para que puedas reflexionar respecto a ti mismo y en relación con tu capacidad de vivir en bienestar. ¿Eso significa que debemos estar comprometidos todo el tiempo y a todas horas? Por supuesto que no, sin embargo sí es una buena medida e indicador de lo que estás haciendo o dejando de hacer.

Realicemos el siguiente ejercicio de reflexión personal.

Ejercicio 5: El compromiso e involucramiento en nuestras áreas de vida

A continuación se presentan las diferentes áreas de vida o esferas de interacción con las que contamos. Todas y cada una de ellas contribuyen a nuestra salud mental y el deterioro de las mismas a nuestro malestar o sufrimiento. Evalúa de 0 a 10 el nivel de compromiso o involucramiento que muestras y de acuerdo con tus metas presentes en cada una de ellas, donde 0 equivale a un compromiso nulo o inexistente y 10 a un compromiso total o muy elevado.

Recuerda: debes evaluar tu compromiso actual con base en las metas que persigues en cada área de vida y puedes poner cualquier valor entre 0 y 10. Por ejemplo, no tener una meta escolar vigente se puntuará con 0, o si la meta se conoce, pero se hace muy poco por ella, se puntúa con 1, 2 o 3 según tu criterio. Del mismo modo, evita calificar áreas que no estén en tu proyecto de vida actual (por ejemplo, no se califica el área de pareja si no está en tus planes tener pareja en el corto o mediano plazo).

Áreas de vida a evaluar	Puntuación asignada
a) Laboral o profesional	_____
b) Escolar (sin importar tipo o grado de estudios)	_____

Áreas de vida a evaluar	*Puntuación asignada*
c) Familiar	_____
d) Salud física	_____
e) Salud mental	_____
f) Relaciones de pareja o conyugal	_____
g) Relaciones interpersonales (amigos, compañeros)	_____
h) Personalidad (autoestima o valía personal)	_____

La puntuación obtenida te brindará un marco de referencia en relación con tu compromiso actual. Ya sea que sumes las puntuaciones o las analices por separado, reflejan qué tanto estás dispuesto a hacer o qué tanto no estás dispuesto a hacer; es decir, qué tanto perseguimos metas por convicción y de una manera duradera. La invitación es a que reflexiones sobre el hecho y tomes decisiones de acuerdo con eso. Asimismo, recuerda lo mencionado más arriba: el compromiso fluctúa y es bastante voluble, por lo que no existen puntuaciones perfectas o una totalidad absoluta de compromiso en todas las áreas de vida. Al final, es una manera de monitorearte, evaluarte y emprender los cambios o mejoras que hagan falta.

Para ahondar en el concepto de este importante pilar asociado con el bienestar, te presento dos definiciones de lo que solemos llamar compromiso, involucramiento, vinculación psicológica o *engagement* (en español puede traducirse como "enganchado"):

- Se refiere a la capacidad de involucrarse de manera positiva en los actos del día a día por medio del uso de las fortalezas personas (vida comprometida).
- Estado afectivo positivo de plenitud que se caracteriza por el vigor, la dedicación y la absorción o concentración. Es un constructo claramente motivacional, ya que posee componentes de activación, energía, esfuerzo y persistencia y está dirigido a la consecución de objetivos (Schaufeli *et al.*, 2002).

Como podemos constatar, cada definición enfatiza algún aspecto en particular, pero de manera interrelacionada. Incluso hay autores (como es el caso de la última definición) que la encauzan de manera constante al ámbito laboral y dada la importancia que tiene esta área de vida para nuestro florecimiento (recuerda que pasamos un tercio de nuestra vida trabajando). Además, el estado de *engagement* o vinculación psicológica con el trabajo produce estados de plenitud, autorrealización y la experimentación de emociones placenteras o positivas.

A este aspecto es al que nos referiremos a continuación y a través del desarrollo de otro breve ejercicio.

Ejercicio 6: *Engagement* o vinculación psicológica con el trabajo

Responde y pondera de la siguiente manera si te has sentido así en el trabajo en el presente año:

   0 = Nunca - ninguna vez
   1 = Casi nunca - pocas veces
   2 = Algunas veces - una vez al mes o menos
   3= Regularmente - pocas veces al mes

4 = Bastantes veces - una vez por semana
5 = Casi siempre - muchas veces por semana
6 = Siempre - todos los días

Afirmación   *Calificación asignada*

1. En mi trabajo me siento lleno de energía   _____

2. Mi trabajo me inspira.   _____

3. Soy feliz cuando estoy absorto en mi trabajo. _____

El ejercicio anterior es parte del Cuestionario UWES,[1] un instrumento psicométrico altamente confiable que permite medir el nivel de compromiso de un trabajador frente al puesto que ocupa y las funciones que realiza y con base en los tres elementos que, desde la investigación científica, conforman el compromiso activo en el trabajo: *vigor, dedicación* y *entusiasmo*. De acuerdo con los autores, un estado alto de compromiso es aquel que presenta estas tres características de forma consistente en relación con una tarea. El primer reactivo o afirmación evalúa tu vigor o entusiasmo, el segundo tu dedicación y el tercero la absorción (estar inmerso). Por último, y de acuerdo con tu resultado, podemos hablar de un nivel de compromiso: bajo (puntuaciones de 2 o menos), medio (entre 3 y 4) o alto (superiores a 5).

De la misma manera que el ejercicio anterior, el resultado es una invitación a pensar y repensar acerca de tu situación laboral actual.

---

[1] El cuestionario Utrecht Work Engagement Scale (UWES) fue desarrollado en Holanda por Schaufeli y Bakker.

Renovar el compromiso laboral

Sí, tienes razón: es difícil adquirir compromiso en una empresa que no nos valora, que demerita nuestros logros o para la que somos un simple recurso desechable o intercambiable. De hecho, México ocupa uno de los últimos lugares en el mundo en satisfacción laboral derivado de tantas razones que no podríamos enlistar aquí sin llevarnos un capítulo entero. De acuerdo con la consultoría Gallup, solamente 12% de los mexicanos afirma sentirse satisfecho en el trabajo, 60% desconectado (indiferente) y 28% absolutamente insatisfecho. ¿En qué grupo te encuentras? Analicemos un poco más estos datos para que puedas elegir con fundamento:

Los satisfechos, 12%: si te encontrases aquí, es muy probable que tu motivación vaya de la mano del compromiso adquirido. Es difícil pensar en una persona comprometida por obligación, que no sigue sus ideales o que persigue metas exclusivamente impuestas por otros. Las personas satisfechas con su trabajo lo están porque cuentan con una brújula interna que los orienta en todo momento y que, como revisábamos arriba, muestran entusiasmo, dedicación y están absortos en lo que hacen.

Los desconectados, 60%: la franja más grande de los mexicanos trabajadores se encuentra en este grupo, al parecer debido a dos razones principales: la procrastinación o aplazamiento y la cultura propia del trabajo. Por un lado, la procrastinación ha hecho mella en la motivación, el compromiso, la satisfacción y, claro, la productividad. En esencia, se refiere a postergar las funciones o dejarlas inconclusas por muy diferentes (y a veces hasta graciosas) razones. Perdemos el interés, "nos gana" la flojera, atendemos otras situaciones o confiamos en que más adelante podremos realizarlas mejor, por mencionar algunas.

💡 Bajo la premisa de que un colaborador "feliz" es un colaborador más productivo, la búsqueda y consecución del bienestar es un fin en sí mismo.

Absolutamente insatisfecho, 28%: ya sea por razones internas o externas, la gente de este grupo ha generado una aversión casi total al trabajo. Acude a él "de malas", despotrica a diestra y siniestra, se queja hasta del sonido de la fotocopiadora y experimenta malestar en todos los sentidos, entre otros síntomas. Son los que estarían mejor en cualquier otro lado, pero por alguna razón inefable no pueden cambiarse de trabajo, así que no les queda más que "aguantarse". Y por el otro lado, están las organizaciones que crean esta aversión u odio al trabajo por medio de pésimos climas laborales, bajísimos sueldos, líderes déspotas, sanciones y amenazas, estrés excesivo, cargas elevadas de trabajo, *mobbing* (el equivalente del *bullying* pero en el contexto laboral), acoso sexual, bajo reconocimiento, ausencia de planes de vida y carrera, nula calidad de vida laboral y, claro, ausencia de condiciones y recursos que generen bienestar laboral. Al final, sea por una idea equivocada de lo que es el trabajo o por una organización tóxica y poco saludable o por la combinación de ambos, se conforma gran parte de la causa de que casi tres de cada 10 mexicanos se encuentre totalmente insatisfecho en su trabajo.

Independientemente del porcentaje en el que te encuentres, el compromiso o vinculación psicológica con el trabajo puede y debe nutrirse con regularidad. Aunque suene a cliché, el compromiso individual se deriva y obtiene en buena medida de saber amar lo que hacemos, de seguir nuestra vocación y de saber para qué somos buenos.

Generar compromiso en nuestra vida

Recordemos: el compromiso como pilar de nuestro bienestar se basa en acciones voluntarias que nos mantengan dedicados, entusiasmados y se relacionen con nuestras metas de vida. No debemos confundirlo con "el deber ser", la obligación moral o la responsabilidad que asumimos de acuerdo con nuestros roles de vida. Así, un padre puede ser responsable pero no estar comprometido (provee un sustento económico, pero no le interesa en absoluto la vida de sus hijos); un paciente puede ir a terapia cada semana porque se lo ordena un juez, pero no le interesa cambiar nada de su situación actual; muchos de nosotros podemos ir a trabajar a una empresa que nos vapulea, pero únicamente por obligación y aunque visualicemos el propósito del trabajo (me permite mejorar mi calidad de vida), por eso la definición resulta clave para avanzar en este trabajo e incorporar el compromiso o *engagement* a nuestra vida (puedes releer las definiciones antes de seguir adelante con la lectura).

Varios psicólogos positivos creemos que hay dos maneras confiables para adquirir compromiso genuino en nuestra vida: el *estado de fluidez* y *las fortalezas personales*. Veamos cada uno de estos conceptos y traduzcámoslos en acciones de la vida diaria.

La fluidez o el estado de flujo

¿Cuál es la actividad o tarea en la que más te comprometes, sientes placer y te hallas totalmente concentrado? Esta es una pregunta que hago a los pacientes que buscan el estado de fluidez en su vida. Y ¿cuándo buscamos el estado de fluidez? Esencialmente cuando estamos desmotivados, no hallamos placer o disfrute en casi ninguna actividad o tarea, o cuando hemos perdido el sentido de lo que hacemos (lo que coloquialmente se conoce como *crisis existencial*).

¿Pudiste responderla? ¿Sí, no, aparentemente? Aunque parezca increíble hay una gran cantidad de personas que no pueden darse una respuesta confiable o que las satisfaga del todo. Piensan que sí hay actividades que las mantienen concentradas, pero en las que no están comprometidas. Actividades que les producen placer, pero no hablan de compromiso o dedicación (no hay dedicación al estar sentado viendo la televisión o comiendo nuestro postre favorito). O bien actividades que ni placer, ni dedicación ni concentración; es decir, actividades que se hacen porque "alguien tiene que hacerlas".

El asunto empeora si adicionamos el hecho de que hay actividades tan complejas que superan nuestras habilidades, o viceversa: actividades tan sencillas que no albergan reto alguno a la hora de ejecutarlas. Todos hemos sufrido con actividades que mientras perfeccionamos la técnica, nos hacen sentir plenos y en total fluidez, pero una vez nos volvemos expertos, causan aburrimiento y las abandonamos. En otras palabras, la fluidez solo se logra cuando están totalmente equilibrados los retos con nuestras habilidades personales.

Esfuérzate por encontrar y realizar la mayor cantidad de actividades o tareas que te reporten flujo y reduce, si te es posible, las actividades o tareas que no lo produzcan.

¿Quiere decir que como odio hacer el quehacer, puedo dejar de hacerlo? ¡Claro que no! De hecho, la fluidez no es un asunto de buscar placer y reducir displacer (recuerda lo que hablamos sobre la ingenuidad de nuestro sistema límbico). No. De lo que se trata es de hallar actividades en las que pueda hacer uso de mis habilidades personales y que, de acuerdo con el reto, me mantienen comprometido, absorto y en una experiencia óptima de bienestar.

Según el creador de este término (Csikszentmihalyi, 1990), prácticamente cualquier actividad en la vida de los seres humanos puede producir fluidez, siempre y cuando se cumplan estas condiciones: que existan objetivos específicos, reglas claras para la acción y una manera de concentrarse e implicarse. Así, puede producir fluidez practicar un deporte, jugar ajedrez con un competidor digno, mantener conversaciones amenas e interesantes con los amigos, resolver anagramas, cocinar, aprender un idioma, mejorar la relación laboral con nuestros jefes, renovar nuestro lugar de trabajo, visitar nuevos... Basados en estos ejemplos, nos percatamos de dos cuestiones: no todas las actividades o tareas producen placer inmediato (postergación del placer) ni nos son ajenas porque las hemos practicado o son parte de nuestras metas actuales de vida. De nueva cuenta, el problema es que al volverlas rutina, solemos perder la capacidad de dejarnos "absorber" por ellas.

La fluidez también tiene sus riesgos: uno de ellos es el que hemos mencionado y que hace alusión a la procrastinación; otro, la exageración al llevar a cabo una actividad. En el primer caso, la inadecuada motivación es una de las principales culpables. Resulta paradójico pensar cómo un estudiante universitario que escogió la carrera de sus sueños se dedique a perder el tiempo y postergue la elaboración de diseños, proyectos y tareas propias que le son encomendadas en sus diferentes asignaturas. Sin embargo, pasa todo el tiempo y quizá nosotros seamos uno de estos.

En otro ejemplo, pagamos la anualidad en un gimnasio o de un deporte a practicar, pero a los dos meses dejamos de asistir o se nos ve con menor frecuencia. Procrastinamos porque el mundo tecnológico y acelerado nos enseña a buscar resultados inmediatos, y si no, no vale la pena hacerlo. Pero ¿cómo vamos a tener una buena figura en un mes?, ¿cómo seremos expertos ingenieros, abogados o biólogos sin una formación de años?, ¿cómo podemos aprender alemán en dos semanas? Debemos entender que hay metas que no se visualizan en el horizonte cercano, que requieren compromiso activo, constante y permanente, y que no son botones que al darle clic nos llevan al resultado de la búsqueda. Además, convendrá separar la meta en submetas (tema que revisaremos en el componente de logros) para que con ello nos demos aliento y confianza de que vamos por el camino correcto. ¡Ah! Y, claro, esto no ocurrirá si no disfrutamos y estamos absortos en el proceso que ahora ya sabemos que se conoce como estado de fluidez.

El otro riesgo es llevar al extremo la actividad que nos genera flujo. Trabajar sin descanso y hasta el límite mismo de nuestras fuerzas puede convertirnos en workaholic "trabajólico"; realizar ejercicio de forma descomunal y desmedida produce vigoréxicos; apostar en los deportes o juegos de azar nos puede convertir en ludópatas. Es decir, algo que empezó como una tarea o actividad de flujo, se volvió el imperativo de nuestra vida y nuestra más grande causa de ansiedad (he visto a personas adictas al ejercicio que preguntan desesperadas dónde hay gimnasios abiertos el 25 de diciembre o a las tres de la mañana). El riesgo de la fluidez son las adicciones de cualquier tipo, por eso debemos esforzarnos en buscar múltiples actividades de flujo y no solo una.

¿Y si deseo empezar a buscar actividades que me produzcan fluidez? ¿Por dónde empiezo?

Diversas investigaciones han dejado al descubierto que la mejor manera de descubrir en qué somos buenos nos comprometerá y generará disfrute, y adoptaremos una actitud de servicio (Esfahani, 2019). Para lograrlo, te sugiero lo siguiente: planea un mes o al menos una semana de actos de servicio. Lleva a cabo tus actividades cotidianas, como ir a trabajar o atender los deberes de la casa, pero agrega el elemento de estar dispuesta a ayudar y resolver problemas de todo tipo y conforme la ocasión se te presente. Si hay que celebrar a los cumpleañeros del mes, participa activamente en la organización; si tu hijo tiene tarea, ayúdalo a comprenderla mejor; si debías reparar una fuga y lo has postergado, usa esta semana o mes para hacerlo; si alguno de tus conocidos está pasando por un mal momento, llámalo y queda de verlo; si puedes ayudar a la limpieza del hogar o del lugar de trabajo, hazlo sin esperar que te lo pidan; si puedes ser más amable y atento de lo normal, trabaja en eso; si puedes compartir tu desayuno, adelante; o si puedes contribuir a la solución de los problemas de otros, esta es tu oportunidad. De lo que se trata es de redescubrirnos, pues al realizar diferentes tareas de diversa índole, sabrás cuáles disfrutas y te comprometen en mucha mayor medida de lo que esperabas. Anímate y estoy seguro de que te sorprenderás de cuánta fluidez puedes generar en tu vida.

Entre los beneficios de vivir a través de una actitud de servicio está podernos sentir orgullosos de lo que somos y de revalorar lo que hacemos. Además, podremos ver cómo nuestro trabajo es una forma de ayudar a los demás, lo que se traduce en significado (véase el capítulo 6). A este respecto, Grant y su equipo de trabajo han realizado diferentes estudios que posibilitan constatar los beneficios de lo anterior: pidieron a un grupo de trabajadores teleoperadores que se permitieran conocer al alumno que recibía una beca gracias a su labor telefónica de recaudación de fondos. En comparación con el grupo de trabajo que no debía hacer esto, los teleoperadores fueron más eficientes, al dedicar 142% más de su tiempo a hablar por teléfono con posibles donantes, además de que recaudaron 171% más de fondos (Grant *et al.*, 2007). Lo mismo ocurre con los padres comprometidos que si bien les puede producir un enorme desgaste y pocos satisfactores inmediatos, se sienten satisfechos y plenos con su labor al saber que contribuyen al bien de otros. En otras palabras, el tedio y la complicación de ser padre se basa en una disposición de servicio más grande: ayudar a que sus hijos se conviertan en adultos sanos y responsables.

Ya mencioné que los psicólogos solemos recurrir a dos fuentes confiables para generar compromiso en nuestra vida: ya hemos explicado la fluidez, el otro es el uso de nuestras fortalezas personales.

Uso de nuestras fortalezas

Las fortalezas son rasgos positivos de nuestra personalidad que nos permiten sentirnos plenos, satisfechos, florecientes y que contribuyen a nuestro bienestar. Son recursos duraderos en la vida que además nos permiten enfrentar desafíos y problemas de todo tipo, pues aumentan notablemente la probabilidad de salir airosos y complacidos con el resultado.

Para entender mejor lo anterior, partimos de lo siguiente: todos somos buenos para algo y al igual que con los temas ya revisados, las fortalezas requieren ser usadas y cultivadas. De lo que se trata es de reconocer lo que se nos da bien, y como con el ejercicio físico, convertirlo una rutina que nos haga sentir satisfechos.

Lo maravilloso con el tema de las fortalezas es que contamos con un amplio arsenal. Para ser más precisos, la investigación científica documenta 24 fortalezas personales clasificadas en seis virtudes universales. Dicho de otro modo, en la variedad está el gusto. De acuerdo con nuestros intereses actuales, roles de vida, circunstancias, ambientes en los que nos desarrollamos, unas fortalezas aparecerán más que otras. Asimismo, el cambio de hábitos, personas significativas que aparecen y desaparecen de nuestra vida, o nuevos objetivos profesionales, escolares, personales, detonarán otras que aparecían más abajo en nuestro listado. Eso significa que nunca nos quedamos sin recursos psicológicos (cosa que resalto a mis pacientes con depresión, que suelen creer lo opuesto), aunque, claro, mucho depende de que te sepas poseedor de ellas y no las niegues pese a la evidencia.

Las fortalezas personales que la ciencia ha demostrado que existen en casi cualquier parte del mundo son las siguientes:

Cuadro 4.
Clasificación de las seis virtudes y 24 fortalezas personales

1. Sabiduría y conocimiento	*Fortalezas cognitivas que promueven la adquisición y uso del conocimiento*
	• Creatividad: pensamiento nuevo y productivo de hacer las cosas. • Curiosidad e interés en el mundo: interés por cualquier experiencia. • Apertura de mente o pensamiento crítico: pensar en todas las cosas de manera profunda y desde distintos ángulos. • Amor al aprendizaje: desarrollar nuevas destrezas, temas y cuerpos de conocimiento. • Perspectiva o sabiduría: ser capaz de proporcionar consejos con sabiduría para otros.
2. Coraje	*Fortalezas que acompañan el deseo de cumplir las metas y ante cualquier adversidad*
	• Autenticidad u honestidad: decir la verdad y presentarse a uno mismo de forma genuina. • Valor o valentía: no intimidarse ante la amenaza, el reto, la dificultad o el dolor. • Persistencia o perseverancia: terminar lo que uno empieza. • Vitalidad o entusiasmo: aproximarse a la vida con excitación, ilusión y energía.
3. Humanidad	*Fortalezas interpersonales que implican "ofrecer y ser amistoso" con los demás*
	• Bondad o amabilidad: hacer favores y buenas acciones a otros. • Amor o capacidad de amar: valoración de las relaciones cercanas con otros. • Inteligencia social: ser consciente de los motivos y sentimientos personales y de los demás.

4. Justicia	*Fortalezas cívicas que sostienen la vida en comunidad saludable*
	• Justicia o equidad: tratar a todo el mundo de la misma forma de acuerdo con las nociones de justicia e igualdad. • Liderazgo: organizar actividades grupales y conseguir que se lleven a cabo. • Trabajo en equipo: trabajar bien como miembro de un grupo.
5. Templanza	*Fortalezas que protegen contra los excesos*
	• Capacidad de perdonar: perdonar a aquellos que nos han hecho daño. • Modestia o humildad: permitir que los logros personales hablen por sí mismos. • Prudencia: cautela acerca de nuestras decisiones; no hacer o decir cosas de las que después nos podríamos arrepentir. • Autorregulación o autocontrol: regular lo que siente y hace la persona.
6. Trascendencia	*Fortalezas que crean conexiones con nuestro universo y nos proveen significado*
	• Aprecio de la belleza y la excelencia: percibir y apreciar la belleza, la excelencia o la capacidad en todos los ámbitos de la vida. • Gratitud: ser consciente y agradecido por las cosas buenas que nos pasan. • Esperanza u optimismo: capacidad para esperar lo mejor y trabajar para lograrlo y conservarlo. • Sentido del humor: gusto por reír y bromear; dotar de sonrisas a los demás. • Religiosidad, fe o espiritualidad: tener creencias coherentes acerca de un propósito superior y sentido de la vida.

Fuente: Peterson y Seligman (2004).

Te pido que regreses al cuadro anterior y reconozcas cuáles destacan en ti, de acuerdo con tu situación actual de vida. Tal vez te consideres altamente creativo, líder o alguien que profesa un pensamiento crítico. ¡Bien!, ya has jerarquizado tus tres principales fortalezas.

Las investigaciones reportan que existe una estrecha relación entre el cultivo de las fortalezas personales y el bienestar subjetivo individual y social (Park y Peterson, 2009). Al respecto, Seligman y su equipo (2005) desarrollaron un estudio en el que se pedía a un grupo de adultos que practicaran sus fortalezas principales de manera no convencional o como solían hacerlo, a lo largo de una semana. Comparados con un grupo control (es decir, un grupo de adultos con las mismas características pero a los que no se les dio dicha instrucción), el grupo experimental incrementó significativamente sus niveles de felicidad y se redujo la depresión incluso seis meses después del trabajo con las fortalezas.

Los beneficios también son aplicables al ámbito de la salud física, pues muchas investigaciones han reportado que ciertas fortalezas personales ayudan a recuperarse mejor de enfermedades graves, como la diabetes, el cáncer y los padecimientos cardiovasculares. Así, practicar fortalezas como el aprecio de la belleza, la valentía, la curiosidad, la justicia, el perdón, la gratitud, el humor, la amabilidad, el deseo de aprender y la espiritualidad, permite predecir con seguridad la recuperación óptima de dichos pacientes (Peterson *et al.*, 2006).

Aunque las fortalezas están inmersas en la sociedad y esta las cultiva a través de diversas prácticas, las fortalezas y virtudes personales son capaces de volverse estrategias de afrontamiento, o como Remor, Amorós y Carrobles sugieren (2010), factores de protección contra la adversidad, es decir, ayudan a resolver problemas y previenen que aparezcan otros. Por ejemplo, pensemos que la estás pasando mal con tu familia: la comunicación con tus hijos falla, tu relación conyugal se deteriora y conforme avanza la situación, la desesperación y la frustración crecen en ti. Suponiendo que este fuese tu caso, ¿qué fortalezas considerarías utilizar? ¿Cuáles crees que te ayudarían a enfrentar dicha situación? Aunque cada uno de nosotros podría brindar una respuesta igualmente válida, juguemos a que escogiste las siguientes: gratitud, capacidad de perdonar y amar y ser amado.

Siguiendo esta línea, desarrollar la gratitud probablemente te permitiría reconocer el esfuerzo que han hecho tus hijos y tu pareja por mantener la unión familiar. En este sentido, podrías sorprenderlos con un regalo que incluya notas o cartas de agradecimiento por lo que han hecho bien y que no necesariamente lo dices explícitamente (el clásico "para qué les digo si ya lo saben"). Aunado a ello, la fortaleza del perdón involucra hacer una revaloración de lo acontecido, apelando a tu sano juicio de no dejarte llevar por las emociones del evento negativo (véanse las estrategias de positividad en el capítulo anterior) y entendiendo las razones del otro para hacer lo que hizo. Aunque es una fortaleza difícil de desarrollar, la mujer o el hombre que perdona mejora sus relaciones y lazos familiares, tornándolos más sólidos; por ejemplo, podrías organizar una reunión con tu familia en donde cada uno ofrezca disculpas, explique sus razones y esté dispuesto a perdonar a los otros miembros. Mientras que para la fortaleza de amar y ser amado quizá decidas prepararles una comida especial (no importa que no sepas cocinar como un chef profesional) y, durante el acto, colmarlos de palabras afectuosas, abrazos o besos tronados a la distancia. ¿Cursi? No lo sé. Piensa qué tanto valoras a tu familia o qué tanto te interesa mejorar la relación con ellos.

Con base en estas fortalezas o cualesquiera otras que ejemplifiquemos, de lo que se trata es de practicarlas. No hay de otra. Nos debe quedar claro que el cuidado y la atención a nuestra salud mental es un esfuerzo sostenido, voluntario y activo (lo que llamamos compromiso). Nuestros problemas familiares, de pareja, de ansiedad generalizada, temores irracionales, no se van a arreglar solos ni con una pastilla mágica que alguien nos ofrezca (indirecta para los adolescentes en torno al tema de las adicciones). El hecho de irnos a dormir enojados con la pareja no resolverá el problema al otro día (aunque nos engañemos creyendo que sí); el malestar generalizado de sentirnos impotentes, desvalorizados o poco reconocidos, no obligará al universo a corregir la injusticia y en menos de lo que esperas se "abrirán las puertas del cielo". Es decir, no afrontar sino evitar o postergar será la fórmula mágica, sí, pero para acrecentar el malestar. En cambio, entender que contamos con recursos de alto valor llamados fortalezas y utilizarlas para atender todo tipo de problemáticas sí incrementará en mucho mayor grado la probabilidad de sentirnos bien, florecientes y satisfechos.

En pocas palabras: no hay atajos, pero sí recursos que aprendemos a tomar y utilizar en el camino.

El *photobook* de las fortalezas

Para complementar las estrategias de compromiso o *engagement* tal como se han comentado a lo largo del capítulo, revisemos la metodología del álbum de fortalezas que te permitirá cultivar y practicar las 24 fortalezas existentes de una manera diferente y de gran valor para el trabajo de vivir en bienestar.

El primer paso es hacerte de un álbum, mismo que puedes adquirir con total libertad, solo te pido que se incluyan al menos 24 páginas para su llenado. O bien, puedes elaborar uno con un programa de diseño e imprimirlo de forma que quede a tu gusto, y según las medidas y materiales que desees, es decir, el álbum no requiere características especiales, una medida en particular o estar decorado de una u otra forma; sin embargo, así como hacemos con un diario, lo mejor será disponer de uno que realmente nos guste y que se pueda conservar como un valioso recuerdo, es decir, que perdure.

A continuación, etiquetarás las páginas con los nombres de las fortalezas (curiosidad, trabajo en equipo, humildad). Una página para cada fortaleza. De preferencia incluye la definición de esta para evitar confusiones o simplemente para que la tengas a la mano. En la práctica profesional con grupos de trabajo, he podido observar que algunos participantes decoran cada página de su álbum con el tipo de fortaleza a la que corresponde (por ejemplo: colocan corazones para Capacidad de amar o un globo terráqueo o mapamundi para la de Curiosidad e interés en el mundo). Asimismo, he notado que hay quienes destinan más de una página para cada fortaleza, confiados en que trabajarán activamente en la actividad y desean dedicarle más tiempo del solicitado. Cualquiera que sea tu caso, lo importante es que etiquetes las páginas de manera visible y en la que tú entiendas mejor que nadie cuál es cuál. Así, puedes escribir en letras grandes la palabra, usar etiquetadores de colores, stickers o como hacemos en ocasiones con las libretas, doblar las hojas como indicadores de las mismas (también puedes crear un álbum digital en tu celular, tablet o laptop si lo tuyo es el uso de tecnologías de la información).

El siguiente paso salta a la vista: ir a vivir las fortalezas (todas y cada una). De lo que se trata es de organizar una especie de "rutina enriquecida" en donde las actividades a realizar te permiten poner en práctica cada uno de estos rasgos de tu personalidad. Es evidente que no se trata de que dejes el trabajo, la escuela o faltes a tus compromisos sociales (no es el pretexto para dejar de ver a tu pareja por un tiempo). Al contrario, tu rutina se verá enriquecida con las oportunidades de practicar la amabilidad, la inteligencia social, la espiritualidad, el amor por el aprendizaje y todas las demás que aparecen en tu nuevo *photobook*. Por supuesto, puedes practicar el trabajo en equipo con tus compañeros de la universidad, el liderazgo en tu lugar de trabajo o el pensamiento crítico al analizar una película o una noticia relevante, pero debe haber una evidencia al respecto, ya sea por medio de una fotografía, una *selfie* o una imagen de la actividad; por ejemplo, la carta tan original que elaboraste para practicar la creatividad como fortaleza. Asimismo, podrás organizar nuevas actividades con el pretexto de las fortalezas, lo cual seguramente te acercará a viejas amistades, a recuperar gustos perdidos o a conocer nuevas cosas.

Nuestro álbum de fortalezas debe ser completado en un plazo no mayor a tres meses y hay una buena razón para ello (bueno, varias): una es que de esta forma evitamos procrastinar (algunos pacientes resistentes comienzan a llenar su álbum, pero cerca de la mitad abandonan como si ya no fuese importante concluirlo). Otra es que tendremos un *boost* o aumento de la felicidad; es decir, nos sentiremos más felices de lo normal durante el desarrollo de la actividad (sobre todo al ver completados nuestros logros o al recordar lo absorbente y agradable que fue practicar el sentido del humor con el mejor amigo, por ejemplo). Por último, el tiempo estimado equivale a la duración de una terapia breve (12 a 16 sesiones) de psicoterapia positiva, por lo que es un tiempo acorde con el modelo científico-profesional que estamos trabajando.

Las fotos deberán imprimirse y pegarse en el *photobook* conforme las tomes. No te recomiendo dejarlo al final, pues como con los rompecabezas de miles de piezas, el principal motivador es el chequeo del avance con el que cuentas, además de que promueve la remembranza y la nostalgia, emociones positivas centradas en el pasado, como ya sabemos. En otras palabras, resulta más gratificante ir viendo tu *photobook* conforme lo llenas, que esperar a tener todas las evidencias (además así puedes irlo presumiendo con amigos o en tus redes sociales).

De igual manera, puedes colocar más de una fotografía para la misma fortaleza (al final, el álbum es tuyo) y aunque para algunas fortalezas depende de otras personas, esto no tiene que ser obstáculo para lograr tu meta.

Recuerda: debes tener al menos una evidencia para cada fortaleza y estar atento a las que te hagan falta conforme se acerque la fecha límite. En general, se suelen dejar las que no practicamos para el final (por ejemplo: el autocontrol y la espiritualidad), y si ya estamos cerca de los tres meses, buscamos cualquier oportunidad para llevarlas a cabo, aunque sea de forma obligada (no está de más decir que lo anterior no reportará un gran beneficio en nuestros niveles de *engagement* o de bienestar). Con base en lo anterior, lo mejor es armar un plan de trabajo en el que dejemos fluir nuestras ideas de dónde, cuándo y cómo puedo practicar tales fortalezas (se vale usar un día o la misma actividad para practicar varias fortalezas a la vez), por ende, no se trata de "cazarlas" o esperar los momentos adecuados, pues no se estaría promoviendo el compromiso.

La actividad concluye cuando has logrado reunir evidencias de las 24 fortalezas existentes, sin haber hecho trampa ni haber recurrido a fotografías o imágenes de momentos anteriores. Si lo haces así, podrás "darte por bien servido", sentarte plácidamente en la sala de tu casa y rememorar todas las cosas que hiciste a lo largo de este tiempo y que se ven reflejadas en tu álbum con el solo hecho de dar vuelta a la hoja.

Requisitos adicionales: que lo disfrutes, sea cual sea la fortaleza con la que estés trabajando.

Consideraciones acerca de esta estrategia

Aunque la rutina diaria nos permite practicar ciertas fortalezas sin que implique mucho esfuerzo de nuestra parte (por ejemplo, al decir gracias con asiduidad a todas las personas con las que nos relacionamos estamos poniendo en práctica la gratitud), lo importante del *photobook* es diseñar actividades "variadas" o lo suficientemente diferentes como para que notemos el cambio y la sensación que produce. Además, resultará de gran valor diseñar actividades nuevas pese al temor, tedio o desgano que nos pueda producir al principio. Al respecto, la mayoría de las personas que han trabajado con esta metodología, refieren esto último: "Me dio flojera al principio", "le puse peros", "lo postergue varios días primero". Sin embargo, una vez que la llevaron a cabo, la experiencia resultó mucho más satisfactoria y gratificante que la resistencia inicial. Y así te podría pasar a ti. Organizar una fiesta con muchos invitados, salir a un lugar que está a tres horas de distancia de tu casa, volver a llamarle a esa persona que dejaste de ver hace mucho tiempo, entre muchos otros ejemplos, claro que produce resistencia, pero también es un hecho que una vez cumplida la misión, el disfrute es mayor.

En esta misma línea de pensamiento, también te sugiero que si sueles procrastinar, dejar proyectos inconclusos o la desgana en ti parece ser mucho mayor que el entusiasmo de trabajar en esta actividad, le pidas a alguien que trabaje el *photobook* junto contigo. Es decir, puedes pedirle a tu pareja o a tu hermana mayor que haga su propio álbum de fortalezas y compitan por ver quién lo llena primero o que comparen las diferencias que hubo entre uno y otro; lo anterior también funciona de maravilla con los adolescentes, quienes se encuentran fascinados de "curiosear" en el *photobook* del otro y ese claro sentido de competencia que suele existir entre ellos los motiva a seguir y perseverar.

La inadecuada administración de tiempos es el talón de Aquiles de muchos. El *photobook* de fortalezas está pensado para que trabajes alrededor de dos fortalezas por semana y no para que las veinte que te faltan se completen "milagrosamente" en las dos semanas que te quedan. ¡De lo que se trata es de aumentar el compromiso! Así, lo mejor es que una vez que tengas tu álbum, te pongas una fecha de inicio y a partir de ahí contabilices tres meses. Asimismo, revisa tu progreso periódicamente.

Hay diversas situaciones de vida que pueden movernos el esquema y que requieran nuestra atención total o darles una prioridad mayor. Es comprensible, pero debemos valorar cada situación por separado y tampoco usarla como excusa para desertar: enterarnos de que tenemos una enfermedad grave, claro que requiere nuestra atención casi absoluta, pero no así el que nos estemos mudando o que el haber cambiado de trabajo. Es decir, hay situaciones que sí podemos manejar y que no impedirán que cumplamos nuestra meta asociada a las fortalezas. Al final, es importante que hagas todo lo posible por no desistir y te beneficies tanto de la experiencia como del resultado.

Carta de proyección hacia el futuro o mi mejor yo posible

La fatiga física o mental puede ser un obstáculo para generar compromiso en nuestra vida. Por ejemplo: llegar cansado del trabajo puede ocasionar que no deseemos dedicarle tiempo a una actividad escrita como la describiré a continuación. De la misma manera, trastornos o problemas psicosociales o psicoafectivos como la abulia, la anhedonia o la depresión pueden ser el enemigo a vencer cuando nos enfrentamos a "la hoja en blanco" que nos pide que relatemos cómo será nuestro futuro. Incluso el menor de los sufrimientos o un malestar pasajero (un dolor de cabeza, el fastidio del día, la pelea que tuve con mi pareja, la mala calidad del sueño de la noche anterior), se antepone a la escritura como parte de lo que ya hemos subrayado bastante a lo largo de este capítulo: la resistencia al cambio que perjudica tu salud mental. Sin embargo, el remedio para todo este tipo de males es el mismo: recordar que estás trabajando por construir tu bienestar de forma duradera. Así, y antes de pasar a la descripción de esta intervención, basta con que analices si deseas seguir cultivando tu malestar y tu sufrimiento (y que para ello no tienes que hacer absolutamente nada). Basta con que reflexiones sobre ese problema que no te deja y sí te aqueja, al tiempo que piensas en que hay un grupo de técnicas, ejercicios e intervenciones que te ayudarán con él. Y basta con que pienses que ya cuentas con los recursos para enfrentarte a esa difícil situación, pero se debe poner manos a la obra.

La técnica Mi mejor *yo* posible o BPS (*best possible self*) ha resultado ser de gran valor para potenciar el optimismo, la satisfacción con la vida y otras emociones positivas (Peters *et al.*, 2013). Para llevarla a cabo, lo primero que tendrás que hacer es pensar acerca de cómo deseas ser recordado al final de tu vida. Cierra los ojos, imagina al respecto y tómate todo el tiempo que necesites, incluso puedes dejar la lectura si deseas realizar este ejercicio a partir de ahora, pero responde con amplitud: ¿cómo deseas ser recordado al final de tus días por las personas amadas? A continuación, reflexiona sobre esta pregunta en los siguientes tres dominios: el personal, el relacional y el profesional. Esto te permitirá identificar tus principales valores, en cada uno de estos contextos, de manera que puedas contar con un panorama general sobre tu futuro. Después, tendrás cinco minutos para escribir acerca de este "mejor *yo* posible" y para cada uno de los dominios; es decir, cinco minutos para el dominio personal, cinco para el relacional y otros cinco para el profesional. Concluido este tiempo escribirás una frase que comience con "En el futuro yo…" y la completarás para cada uno de los dominios, resaltando las dos cualidades más importantes (te sugiero remarcar con algún color estas tres frases finales, ya que hablan de los logros a obtener, de manera que las tengas más presentes). Por último, volverás a hacer el ejercicio de imaginar lo que escribiste en cada uno de estos enunciados finales y le dedicarás cinco minutos al día, cambiando cada uno de los tres dominios (por ejemplo: lunes relacional, martes profesional, miércoles personal). ¡Listo! Has creado la mejor versión de ti mismo.

Variante 1 de la estrategia. Una versión alterna del mismo ejercicio, ofrecida por Mevissen y sus colaboradores (2011) reza así:

me gustaría que pensaras en tu mejor *yo* posible. Tu mejor *yo* posible significa que te imaginarás en un futuro donde todo en la vida te ha salido tan bien como es posible. Has trabajado duro y has alcanzado todas tus metas de vida. Te encuentras muy satisfecho de haber cumplido estos sueños y haber desarrollado todo tu potencial. De pronto, te pones a pensar en cuáles fueron todos esos caminos y decisiones que te permitieron alcanzar estas metas en relación con tu presente actual y desde tres principales dominios (personal, relacional y profesional). Probablemente nunca lo habías pensado de este modo, pero la investigación científica reporta que este método tiene una influencia más positiva en tu estado de ánimo. Persevera y sigue pensando acerca de esto, imaginándote en cada camino de los tres dominios durante las próximas dos semanas. Luego, comienza a escribir durante 20 minutos diarios acerca de las metas, habilidades y deseos que te permitirán alcanzar este futuro en cada uno de los tres dominios, a manera de una historia, tal como harías en un diario. Asimismo, te sugiero pensar en todo el proceso de una manera realista, de tal modo que traces un "verdadero futuro posible".

Además, se sugiere que escribas tu diario atendiendo los siguientes puntos:

- Dominio personal: piensa en las metas que quieres obtener en este rubro y que comprenden el desarrollo personal, psicológico y físico.
- Dominio profesional: piensa en las metas que quieres obtener en este rubro y que comprenden el desarrollo laboral, como posición, logros, nivel de *expertise* y habilidades para ello.
- Dominio relacional: piensa en las metas que quieres obtener en este rubro y que comprenden las relaciones y contactos con quienes amas, así como de la vida social.

Para terminar, escribe a detalle sobre este futuro ideal usando las metas que has dispuesto como guía. Igual que lo estás imaginando, describe tus pensamientos, activa tus sentidos, sentimientos y percepciones individuales de manera que puedas crear una historia personal con todos los elementos.

Variante 2 de la estrategia. Siguiendo la misma línea de reflexión sobre nuestro futuro por medios escritos, aparece una técnica de similar ejecución, derivada de los trabajos de Neimeyer (2000), aunque esta parte del tratamiento de acontecimientos estresantes. En otras palabras, te sugiero esta variante si lo que deseas es trabajar desde la situación que te aqueja o que consideras una problemática significativa personal. Suele llamarse "carta de proyección hacia el futuro" y puedes llevarla a cabo de la siguiente manera: te pido pienses en tu futuro y dediques un tiempo a imaginarte a ti mismo dentro de 10 años. Piensa qué estarás haciendo, dónde vivirás, cuál será tu trabajo, qué cosas habrá en tu vida y qué cosas serán las más importantes. Realiza esta tarea durante al menos 10 minutos al día y durante dos o tres días consecutivos. Pasado este tiempo, tendrás que escribirte una carta a ti mismo desde el futuro. La carta la escribirás en segunda persona (tú tienes una bella esposa que te quiere; tú amas la dicha de contar con tres hijos saludables y buenos; tú has ascendido lento pero sin pausa en la empresa donde laboras), como si se la escribieras a un amigo o una persona muy querida. Además, debes resaltar lo que está más allá de tu situación actual (el evento estresante), confiando en el futuro, las expectativas del mismo y los aspectos positivos de ello. Escribe tanto como quieras y hasta que te sientas satisfecho con el resultado (cuando escribí la mía, pude extenderme más de tres cuartillas fácilmente). Puedes tardarte uno, dos, tres días o hasta una semana, con tal de que puedas terminar tu carta libremente.

Consideraciones acerca de esta estrategia

Además de los beneficios enlistados a lo largo de este capítulo, las técnicas aquí descritas pueden fortalecer nuestra personalidad en momentos de crisis o situaciones adversas. Bajo esta premisa, la carta de proyección hacia el futuro nos enseña que la adversidad es un viaje que se transita y que no se debe abandonar, pero además enfatiza la importancia de considerar que no hay una luz al final del túnel, sino millones de luces y millones de posibilidades que podemos evaluar y poner en práctica en aras de nuestro funcionamiento óptimo. A este respecto, la ciencia del bienestar ha hallado una relación estrecha entre la personalidad resistente (resiliente) y el compromiso (Maddi *et al. apud* Vázquez *et al.*, 2008). De acuerdo con los estudios de estos autores, las tres actitudes que constituyen la personalidad resistente son el *compromiso*, el *control* y el *reto* (recordemos que la resiliencia es una característica de la personalidad que nos permite sobreponernos y salir fortalecidos de experiencias funestas y sumamente desagradables). Es por eso que el compromiso implica que a medida en que los acontecimientos estresantes aumentan, igualmente importante será implicarse con las personas, las cosas y el entorno que nos rodea, en vez de desvincularnos, aislarnos o alienarnos (volvernos parte de estos).

El problema es que solemos hacer lo opuesto: las pérdidas (de cualquier tipo) hacen que nos alejemos de otros; los sucesos adversos los solemos encubrir o minimizar; los hechos desafortunados nos doblegan y nos hacen creer que estamos "malditos", que no hay nada que hacer o que no podemos ser otra cosa; la vida me enseñó a ser violento, así que debo asumirlo, por ejemplo. Por ende, la invitación es a perseverar en el intento: ya sea con el ejercicio BPS o con la variante de la carta de proyección, la meta es alcanzable si no dimitimos o nos dejamos llevar por la tristeza; he tenido pacientes que al igual que con la estrategia del *photobook*, empiezan la actividad con desgana, indiferencia…, pero que al finalizar reconocen el gran valor que les aportó.

También podemos utilizar alguna de las presentes técnicas si atravesamos por una situación estresante, y que bien podría rebasarnos y afectarnos severamente, si no la atendemos de forma adecuada. La carta de proyección hacia el futuro ha resultado útil para la atención y tratamiento de diversos trastornos adaptativos (estado de ánimo depresivo, ansiedad, duelo, alteración de las emociones, entre otros), sobre todo si está acompañada de otras técnicas de la psicoterapia positiva; revisaremos algunas a lo largo de los siguientes componentes del bienestar (la huella vital, por ejemplo).

Para finalizar, podremos sacarle más provecho a esta estrategia, en cualquiera de sus dos vertientes, si durante el curso de la escritura incluimos en la mayor medida posible palabras emocionales positivas, un nivel reducido de palabras emocionales negativas y una gran cantidad de palabras *insight*, las cuales hacen referencia a palabras clave que te permiten clarificar tus experiencias y propósitos (las que hacen que te des cuenta de "algo"). Practícalo y tus niveles de compromiso con la vida mejorarán sustancialmente.

5. ESTRATEGIAS PARA CULTIVAR RELACIONES POSITIVAS SIGNIFICATIVAS

La buena vida se construye con buenas relaciones.
ROBERT WALDINGER

LA IMPORTANCIA DE LAS RELACIONES HUMANAS

Puedes renegar cuanto quieras, pero el hecho es que no nacimos para estar solos. La cantidad y la calidad de nuestras relaciones interpersonales importa, al parecer, mucho más de lo que creemos. De hecho, confío en no defraudarte con el siguiente dato, pero de los cinco componentes del bienestar, la "R" de relaciones positivas es la que más importa e incide en nuestros niveles de bienestar.

Lo anterior no es una idea caprichosa, sino lo que reporta la ciencia, cada vez con mayor frecuencia e intensidad. Al parecer, una de las principales razones de que seamos seres sociales, de acuerdo con la psicología evolutiva, es que requerimos esta habilidad para sobrevivir, adaptarnos y prosperar como individuos y sociedades. A diferencia de otras especies no gregarias, los seres humanos somos "mejores" cuando trabajamos en equipo, tomamos decisiones consensuadas y colaboramos en una causa en común, por enumerar unos pocos ejemplos. Los talentos individuales son reconocidos, sí, pero las sociedades prosperan con base en el esfuerzo de muchos, como hemos podido constatar durante los acontecimientos globales de los últimos años. Asimismo, apoyarnos en otros puede hacer más llevadero algún problema por el que estemos pasando, además de que puede ampliar nuestra perspectiva sobre el tema y ofrecernos un repertorio más amplio de respuestas o soluciones.

Incluso podemos darnos cuenta de este hecho en muchas otras áreas y ámbitos de nuestra vida que no tendrían el mismo valor si las realizáramos solos (o ni siquiera podrían llevarse a cabo): seguimos gustosos las tradiciones y celebraciones que tenemos como pueblo (aspecto cultural), buscamos una relación de pareja sana y estable, deseamos conformar una familia, hacemos amigos significativos, consolidamos relaciones laborales con los jefes y compañeros, participamos en la comunidad, fomentamos múltiples ritos sociales (festejos, eventos masivos), votamos para elegir a nuestros gobernantes, interactuamos asiduamente en redes sociales, nos preocupamos por lo que les pasa a otros, salimos a conocer gente nueva, celebramos fechas festivas con otros (Navidad, la Independencia, el día de la madre), y en general, nos suele preocupar o al menos llamar la atención lo que ocurre con nuestro país y el mundo. Hacemos todo esto porque es parte de nuestra naturaleza, porque nos necesitamos unos a otros y porque la supervivencia de nuestra especie depende enteramente de esta capacidad.

Ninguna nación crece aisladamente (Cuba, por ejemplo, ha aprendido mucho sobre esto), los estados de la República no responden a sus desafíos con total independencia de otros, una empresa es productiva en la medida en que su personal trabaja siguiendo la misma filosofía corporativa, una institución educativa florece si hay esfuerzos coordinados de la comunidad educativa en general, una familia es considerada como una familia sana si hay armonía e interacción entre todos los miembros de la misma, una pareja renueva y fortalece su amor si funciona como mancuerna, y así en muchas otras dinámicas sociales. Sí, somos seres autónomos, pero interdependientes. Sí, somos seres libres, pero interconectados. Sí, somos seres únicos, pero parte de una misma especie gregaria.

Al igual que con otros conceptos que hemos revisado a lo largo de este libro, las relaciones interpersonales positivas pueden ser una poderosa fuente de motivación en vez de frustración o desgana (recordemos que de lo que se trata es de "fluir" más). Si no contamos con amigos genuinos, este componente nos ayudará con el proceso para hacernos de uno. Si somos el engorro de nuestros compañeros de trabajo, este mismo componente nos puede brindar los recursos para dejar de serlo. Si soy una persona mayor y me he quedado solo, por medio de este componente tendré pretexto para reconectar con mis seres queridos, hasta donde yo me lo permita. Si vivo enclaustrado, desconfío del mundo y creo que estoy mejor solo porque ya me han lastimado lo suficiente, quizá la evidencia científica en torno a este componente me haga reconsiderar. O si quiero mejorar mi desempeño y alcanzar grandes metas que de manera individual me costarían mucho más trabajo, entonces sacaré provecho de trabajar con este aspecto en particular.

Los beneficios individuales de cultivar relaciones significativas también son múltiples y variados, pues las correlaciones más fuertes con la felicidad son de naturaleza social: por ejemplo, ser extrovertido, el apoyo social, la cantidad de amigos, las actividades de ocio y recreación, el matrimonio y el empleo (sin considerar el sueldo percibido) son actividades que hacemos con otras personas y que se traducirán en mayores niveles de felicidad individual (Peterson, 2006). Además, el "efecto contagio" de la felicidad repercutirá positivamente en otros, en particular nuestra familia, amigos y hasta vecinos. Asimismo, personas felices buscan relacionarse con personas felices, aumentan sus probabilidades de poder casarse, de mantener una vida social rica y plena, y somos más propensos a ayudar (conducta altruista).

Información adicional

Existe un riesgo latente al cultivar relaciones interpersonales significativas que seguramente ya pasó por tu cabeza, y que se refiere a cómo responden estas personas a nuestra intención de querer forjar lazos estrechos. Y sí, tienes toda la razón: no hay garantías de que las cosas salgan como queremos.

Como a todos nos ha tocado descubrir y experimentar, las relaciones pueden ser complicadas, desafiantes e inextricables. Nuestro mejor amigo puede quedarnos mal; nuestra pareja puede mentirnos pese a nuestra honestidad; nuestros compañeros de trabajo pueden sabotearnos pese a que antes les hayamos proporcionado ayuda. Sí, es el riesgo que corremos por el simple hecho de acercarnos a otros seres humanos y confiar. Y sí, ocurre y seguirá ocurriendo por el simple hecho de ser humanos. Recordemos que somos seres falibles que cometemos errores con bastante frecuencia, que tomamos decisiones equivocadas sin saberlo hasta que es demasiado tarde o que tenemos prejuicios respecto a otros. Es lo que somos y no lo podemos cambiar. Incluso la investigación científica lo demuestra, y es que después de un divorcio, por ejemplo, nuestra satisfacción con la vida no vuelve a sus niveles normales ni siquiera cinco años después del suceso. ¡Nos volvemos más infelices después de un divorcio! De hecho estos niveles bajan casi tanto como la viudedad (Diener *et al.*, 2009) y, claro, requerirá un doble o triple esfuerzo volver a nuestro funcionamiento óptimo y con base en eso, florecer.

No obstante, todos los profesionales de la salud mental te seguiremos alentando a correr el riesgo de invertir en una vida social rica y activa, pues los beneficios son muchos más que los costos. Al final, puede que algunas personas te defrauden, te hagan daño y te perjudiquen con sus acciones, pero también pon en la balanza a la gente con quien sí cuentas o que fue parte importante de tu vida y de quien eres en la actualidad. Atrévete a redescubrir el valor de quienes son ahora especiales para ti, que te tienden una mano, que se muestran confiables y sinceros en todo momento, o bien haz una apuesta por quienes podrían ser estas personas significativas y dales una oportunidad. Créeme: no estarás siendo ingenuo, sino inteligente.

Algunos pacientes no se percatan de que suelen confundir la magnesia con la gimnasia (dicho popular mexicano), puesto que no notan que están hablando de cosas diferentes. Por un lado, es cierto que no somos responsables de lo que les pasa a los demás, ni de sus acciones, sentimientos o decisiones. Sin embargo, y como decía Carl Rogers, mi responsabilidad es la de hacerme cargo de mí mismo sin causar infelicidad o malestar en los demás. De acuerdo con esta máxima, puedo trabajar por lo que yo deseo, pero siempre considerando a los demás; no para aprovecharme o sacar ventaja de ellos, sino porque los demás importan. Punto.

¿Pero cómo van a importar los otros si los 200 anuncios televisivos me dicen que lo que realmente importa es ese "colchón de los sueños", ese paquete televisivo que incluye cientos de canales o el jersey de un equipo de futbol? ¿Cómo volteo a ver a los demás si el mercantilismo me enseña a luchar contra quien sea con tal de obtener lo que quiero? ¿Cómo crear relaciones significativas si eso implica tener que dejar el trabajo para pasar más tiempo en casa o tener que escuchar lo que les aqueja a otros? Bueno, aunque tus dudas son justificadas, verás que al final vale la pena todo esfuerzo y todo intento que hagas para cultivar este importantísimo componente. Por ejemplo, he aquí parte de lo que ha encontrado la ciencia en pro del bienestar social:

Hallazgos científicos en breve

Cuadro 5.
Bienestar social

Beneficios en la felicidad presente	En el ámbito social, las personas felices tienen más amigos, están más satisfechas con sus relaciones sociales, son más cooperativas y están dispuestas a ayudar a otras personas; además, tienen menos probabilidades de divorciarse (Fernández-Berrocal, 2009).
Experimentar emotividad positiva	Experimentar emotividad positiva y saber expresarla no solo constituye la clave del amor entre una madre y su hijo, sino de casi todas las formas de amor y amistad.
Mayor probabilidad de casarse	Las personas muy felices tienen una vida social rica y plena, tienen más probabilidades de casarse y de mostrar una conducta altruista.
Las fortalezas en el ámbito educativo	En un estudio longitudinal se observó que los profesores (académicos) que están mejor evaluados por sus estudiantes en pruebas estandarizadas, son aquellos que cultivan las fortalezas de la inteligencia social, el entusiasmo o energía y el sentido del humor o diversión (Park y Peterson, 2009).
¿De qué se conforman los matrimonios exitosos?	Los matrimonios exitosos, en general, dedican más tiempo a las siguientes actividades: despedidas, reuniones con los amigos, una cita semanal, afecto, admiración y aprecio. Nota: más adelante desarrollaremos este tema a cabalidad.
Las relaciones y las adversidades	Cultivar relaciones positivas con los demás nos permite obtener gratificaciones que se convierten en un antídoto para vencer las adversidades cotidianas.
Relación causal y recíproca entre las relaciones sociales y las personas felices	Las personas felices son extraordinariamente buenas en sus amistades, su familia y sus relaciones íntimas. Cuanto más feliz sea una persona, más probable será que tenga un gran círculo de amigos o compañeros, una pareja romántica y mucho apoyo social. La relación causal entre relaciones sociales y felicidad es claramente recíproca. Esto significa que la pareja y los amigos hacen felices a las personas, pero también que las personas felices tienen más probabilidades de tener parejas amorosas y amigos.

El apoyo social en situaciones de estrés y aflicción	Una de las funciones más importantes del vínculo social es proporcionar apoyo social en momentos de estrés, aflicción y trauma. Así, uno de los mejores mecanismos para hacer frente a un problema es confiárselo a un amigo o compartirlo con este.
El apoyo social y la longevidad	Las personas que cuentan con fuerte apoyo social son más sanas y viven más. Un análisis fascinante de tres comunidades de personas muy longevas reveló que todas tenían cinco cosas en común. En los primeros lugares de esta lista estaban "poner a la familia en primer lugar" y "mantener vínculos sociales".
Depresión y socialización	Una de las tácticas más populares para luchar contra la depresión es la socialización: salir a comer, ir a ver algún encuentro deportivo o una película; en resumen, hacer algo con los amigos o con la familia.
Engrandecer las virtudes en las relaciones de pareja	Las parejas satisfechas ven virtudes en sus cónyuges que los amigos más cercanos no vislumbran. La ilusión de mantener el *yo* ideal en la pareja produce una mejor relación. Engrandecer a la pareja con sus virtudes hace que esta desee estar en ese estatus; por lo tanto, fortifica la relación.
Las parejas estables y los hijos	Los hijos de parejas estables maduran más lentamente en el aspecto sexual, tienen una actitud más positiva hacia posibles parejas y se interesan más por las relaciones a largo plazo que los hijos de parejas divorciadas.
Las emociones positivas a favor de los vínculos sociales	Cuando experimentamos múltiples emociones positivas, nos sentimos más conectados con otras personas (sentimos que dos es mejor que uno). Asimismo, es más fácil reconocer otros puntos de vista e incluso tiene un efecto en la reducción de comportamientos discriminatorios y racistas.

Fuente: Barragán Estrada (2019).

El poder de las buenas acciones

¿Qué ayuda más a incrementar nuestros niveles de bienestar: comprarnos algo que nos gusta o comprarle algo a alguien con esa misma cantidad de dinero? Por supuesto, el sentido común nos llevaría a suponer que la primera opción resulta mucho más gratificante: a final de cuentas, trabajé arduamente para ganarme ese dinero, es justo que me lo gaste en algo que me guste. De hecho, la publicidad recurre a sus ardides y nos persuade hábilmente con rebajas, descuentos y ventas nocturnas, que encauzan la decisión en ese sentido: lo que yo quiero (sin importar si lo necesito) y ni me pasó por la mente compartirlo con otros. Sin embargo, la respuesta correcta es la otra: somos más felices cuando gastamos el dinero en beneficio de algún otro y sin importar si es un conocido o desconocido (espera: no quiere decir que corras a donar todos tus ahorros a una fundación). Así lo pusieron a prueba Dunn, Aknin y Norton (2008) en sus diversas investigaciones y en diferentes circunstancias: entregaban de cinco a veinte dólares a un grupo de personas para que se lo gastase en lo que desease, mientras que otro grupo, que recibía la misma cantidad, tenía la consigna de gastarlo en alguien más (de preferencia en un desconocido). Medían sus niveles de felicidad antes y después de realizar la acción y para poder comparar los resultados. La sorpresa fue mayúscula cuando se observaron estas notables diferencias: la felicidad era mucho mayor en el grupo de personas que debían gastarlo en alguien más, ¡aunque lo hubiesen gastado en el mismo artículo y producto! (por ejemplo, los de cinco dólares solían gastar su dinero en un café de Starbucks que disfrutaban plácidamente, de la misma manera que hacía el otro grupo pero que se lo compraba a alguien más).

Pese al hallazgo, estos investigadores no quedaron conformes. Pensaban que eso ocurría así porque la muestra seleccionada (los sujetos de estudio) pertenecía a un país del primer mundo (Estados Unidos) donde básicamente tener cinco o veinte dólares más en el bolsillo no reporta una diferencia significativa. Por esa razón ampliaron el alcance de su investigación y la llevaron a Uganda, donde esta cantidad de dinero puede ser la diferencia entre pasar hambre o no durante una semana. ¿Y qué crees que pasó ahí? El resultado se repitió: la gente de Uganda reportaba un mayor bienestar en su vida cuando gastaba el dinero en alguien más que no fueran ellos mismos. Así, la psicología positiva descubría que "es mejor dar que recibir"; que nos sentimos más felices ayudando a otros y que disfrutamos más gastando dinero en los demás que en nosotros mismos.

Datos como los anteriores resultan de gran valor porque nos permiten atender diferentes problemáticas y malestares psicológicos. Por ejemplo, cuando se trata de atender a pacientes con diagnóstico de depresión, una prescripción común (una tarea terapéutica) será la de salir a la calle en el transcurso de la semana a ayudar a otras personas de la manera que el paciente decida. Así, puede regalarles algo que hizo con sus manos, comprarles algo pequeño como en el caso del estudio citado, llamarlos y escuchar sus problemas o realizar actos altruistas entre gente desconocida de acuerdo con las oportunidades que se le presenten. Lo maravilloso de esta prescripción (suelo persuadir a mis pacientes para que deseen intentarlo) es que con cada una de estas acciones los que se beneficiarán más serán ellos. ¡Sí! ¡Hacer que los otros importen hace que yo mismo importe!; en otras palabras: afronto mejor mi malestar psicológico cuando me ocupo genuinamente de otras personas. Así, si en el futuro te sientes triste fruto de una ruptura amorosa o a consecuencia de haber perdido a un ser querido (por citar dos situaciones comunes), lo mejor que puedes hacer es salir y ayudar a otros de la forma que tú quieras, provocando así que la tristeza disminuya y la sensación de felicidad aumente.

Por último, para que este tipo de estrategias funcionen, y antes de que los críticos deseen opinar al respecto, se deben cubrir dos condiciones básicas: la satisfacción de necesidades básicas y la convicción puesta al servicio de la voluntad. En el primer caso, regalar tiempo, cosas materiales, actos de servicio o cualquier acción dirigida a los demás solo puede ser benéfica si la persona "donante" ya ha cubierto sus necesidades básicas, entre las que destacan comida, salud física, higiene personal y seguridad. Dicho de otra manera: no podemos ayudar a los demás si antes no nos hemos ayudado a nosotros mismos, ¡pero únicamente en lo básico! Una vez satisfechas las necesidades básicas, no necesitamos esperar a que se logren todos nuestros sueños para desear ayudar a otros.

Respecto a la convicción, el poder principal de las buenas acciones se basa en el deseo de querer ayudar; es decir, sí cuenta la voluntad. Es probable que al principio, y como todo en la vida, no le veamos mucho valor, nos cueste trabajo o lo hagamos con desgana o con el pesimismo propio de "querer estar bien" pero "no querer hacer nada para que eso ocurra". Sin embargo, la maleabilidad de nuestro cerebro es sorprendente en este sentido: así como lo acostumbramos "a lo malo", el cerebro también se acostumbra "a hacer lo bueno". En esencia, con cada acto logrado de bondad y generosidad, el siguiente se hace más fácil, el tercero un poco más, el cuarto intento lo volvemos mucho más asequible y de pronto, y casi sin darnos cuenta, nos volvemos buenos en eso de ayudar y vemos el valor que tiene al verlo reflejado en nuestros niveles de bienestar. Una solución del tipo ganar-ganar.

La riqueza en felicidad de las personas sociables

Como aprendimos en los primeros capítulos, el único rasgo consistente y duradero de lo que implica la buena vida son las relaciones interpersonales de calidad, es decir, aquellas que cultivamos y decidimos mantener a lo largo del tiempo. Como ha demostrado el estudio más largo sobre el bienestar (75 años de investigación), y muchísimos otros que aparecen cada día, no importan las condiciones socioeconómicas en que vivas, el país en el que te encuentres, tu sexo, el trabajo que desempeñes, el tipo de familia que tengas, los estudios cursados, tu estado actual de salud o tu nivel de inteligencia o aptitudes; la única constante para forjarte una buena vida son tus relaciones interpersonales significativas. Y resalto significativas porque no se trata de sumar amigos en Facebook y el que tiene más es más feliz. Tampoco se trata de crear relaciones superficiales por cubrir "el requisito" y mucho menos en pensar que por tener una familia y sin importar cómo me lleve con sus integrantes, ya tengo asegurada mi sensación y sentimiento de bienestar. Incluso no se trata de lo que estás dispuesto a hacer por tu cónyuge o tu familia ("es que me sacrifico mucho por ellos"), sino de crear lazos estrechos en donde impere la autenticidad, el respeto, la cooperación y la búsqueda constante de la homeostasis familiar (mantener un equilibrio sano). Y ahí es donde muchos fallamos.

Además, y de todas las fortalezas personales que conocimos en el capítulo anterior, el listado de las 24, la capacidad de amar y ser amado es la que más se relaciona con la felicidad plena (Park *et al.*, 2004). Es decir, vale la pena invertir en nuestras relaciones personales, pues las múltiples ganancias se verán reflejadas a lo largo del tiempo. Como bien refieren Park, Peterson y Sun (2013), las buenas relaciones son benéficas porque brindan el apoyo emocional e instrumental (generación de alternativas y soluciones) en los momentos de estrés y desafío, pero también porque proporcionan un sentido de conexión y de celebración con las cosas buenas de la vida.

Tal como dije al principio de este capítulo, gozamos de muchos ritos sociales que en aislamiento ya nos están pasando factura: promueven la aparición de estados negativos como el rencor, la amargura, la indiferencia y, claro, los sentimientos de soledad. Es por eso que este componente se mueve fácilmente de un lado al otro, de un extremo al otro, con diferentes intensidades. Por ejemplo, nutrir mi relación de pareja con base en los desafíos diarios que presenta estar con alguien, afectará mi salud física y mental de forma duradera. Al final, yo decido: puedo responder activa y constructivamente cuando mi pareja llega con buenas noticias, o mostrarme indiferente y decirle que no fue la gran cosa. Para el primer caso, promover una comunicación positiva fortalecerá mi relación y con el simple hecho de decir "cuéntamelo todo", "te lo mereces y sabía que lo lograrías" o "vamos a la sala para que me platiques los detalles". En el segundo caso, se promoverá la comunicación negativa que deteriorará la relación gradual o abruptamente por la utilización de comentarios del tipo: "ahorita no, estoy ocupado", "no creo que lo que vayas a decirme sea importante" o "bien por ti, pero ya háblame de otra cosa".

No está de más mencionar que este tipo de estrategias funcionan de la misma forma en el ámbito escolar, laboral, familiar y entre amigos; contextos de vida valiosos para la mayoría de los seres humanos, y en donde igualmente podré enriquecer mi felicidad, o perjudicarla en favor del malestar.

DE QUÉ SE CONFORMAN LAS PAREJAS EXITOSAS

Una manera más de resaltar el valor de nutrir las relaciones interpersonales positivas la encontramos en las relaciones de pareja y como base misma de una sociedad que busca prosperar y florecer en su conjunto. Las parejas nos hacen felices o infelices durante mucho tiempo, por lo que son una maravillosa fuente de satisfacción o insatisfacción con la vida en general y de manera individual. Además, a mi parecer, es una de las áreas de vida que más repercute en el resto de los dominios o contextos en que nos desenvolvemos; es decir, los niveles de bienestar que sentimos en relación con nuestra pareja afectan todas o casi todas nuestras áreas de vida (laboral, escolar, de salud, familiar, social). Si estamos "bien" con la pareja, disfrutaremos y atenderemos mejor la vida académica (por ejemplo), pero si estamos mal, descuidaré mi salud, mis hábitos alimenticios o las funciones de mi puesto de trabajo.

La psicología en general, sin embargo, se dedicó durante años a estudiar exclusivamente a las parejas no saludables, dañinas o tóxicas (según el término que prefieras), por lo que aprendimos sobre estas dinámicas disfuncionales y cómo modificarlas, pero en ese esfuerzo bienintencionado de mis colegas dejamos de ver qué hacían y qué caracterizaba a las parejas saludables. Esto es lo que sabemos:

Primero debemos recordar que, al igual que con la felicidad y la conformación de una receta individual, no puedo seguir un decálogo de la felicidad, las relaciones de pareja siguen su propia fórmula con base en sus necesidades, dinámica, contexto y circunstancias. Por ejemplo, hay parejas a las que les resulta útil ser sumamente cariñosos, pero a otras no. Del mismo modo, habrá dinámicas de pareja en que la distancia sea la mejor estrategia para decidir si desean permanecer juntos o no, mientras que para otras la cercanía constante los conducirá a un mejor resultado. Siguiendo esta misma línea, habrá parejas que requieran la ayuda de un profesional de la salud mental, mientras que a otras les bastará con seguir las estrategias aquí propuestas. En este tenor hago la siguiente aclaración: las características de las parejas saludables aquí descritas son entonces pautas de interacción que bien podemos probar y adecuar a nuestro propio caso. Son guías o directrices que marcan posibles caminos, pero que cada pareja debe probar, evaluar y aún, más importante, personalizar.

Afecto

Entendido este como la capacidad de expresar emociones y sentimientos hacia nuestra pareja, el afecto es una de las cinco pautas que caracterizan a las parejas exitosas. En otras palabras, es uno de los comportamientos que más se repiten en la dinámica conyugal y que podemos poner a prueba en formas creativas, originales y diferentes.

Tal como apunta la definición simple de la palabra, el afecto no es más que la preferencia mostrada por alguien o algo, por lo que literalmente podemos sentir afecto por cualquier persona que esté inmersa en nuestra vida y si así lo decidimos. Implica muestras y demostraciones de amor con frecuencia, por lo que también suele ser un área en la que fallamos, ya sea como novios, amantes, esposos, cónyuges o cualquier otro término que empleemos. "Ser afectivo" denota acción y el deseo de mantener dicha conducta. Significa que si mi pareja me pide que la bese, abrace o acaricie, debo hacerlo; pero no por imposición, sino porque esta inclinación o preferencia me lleva a eso de una forma natural.

El afecto entonces es decirle y expresarle a ese ser amado que lo preferimos, que ocupa un lugar primordial en nuestra vida y que se lo estamos haciendo saber con acciones saludables que nutren y fortalecen la relación (recalco saludables porque conductas nocivas como los celos no son de ninguna manera demostraciones de afecto). Así, no será afecto privar o limitar esas demostraciones de amor, ya sea porque yo no las procuro o porque no me gusta recibirlas. Recordemos que uno de los componentes del amor verdadero es la pasión (véanse más adelante las estrategias relacionadas con este tema), que hace referencia al deseo de permanecer cerca de esa persona, sobre todo a nivel físico. La pasión nos hace desear a esa persona para colmarla de caricias, besos, encuentros sexuales, abrazos prolongados, palabras de amor y todas las demostraciones de afecto que se nos ocurran. Es un elemento motivacional que surge de sentir y desemboca en acciones voluntarias.

Entenderemos que no profesamos afecto si nos mantenemos demasiado distanciados de nuestra pareja (física o psicológicamente), si espaciamos en exceso los encuentros (tiempo que transcurre entre estar con esta y volver a estar), si negamos estas demostraciones por parte del otro (el clásico "ahorita no porque me duele la cabeza"), si yo me niego a mostrar afecto ("es que no me enseñaron a ser cariñoso"), si mi forma de hacerlo es a través de conductas disfuncionales y desadaptativas (control de la pareja, celotipia, dependencia emocional, violencia) o si mostramos afecto "de manera implícita" ("ella sabe que la amo, no es necesario decírselo"). Por el contrario, las parejas saludables cultivan este elemento motivacional sin que nadie los obligue a ello, pues comprendieron el valor de dar y recibir demostraciones de afecto físico de acuerdo con su propia personalidad, conducta habitual y según lo que le gusta al otro.

Admiración

En sintonía con la estrategia anterior, las parejas exitosas se muestran admiración uno al otro de manera constante y como parte de su rutina. Es simple: decirse una y otra vez las cualidades y rasgos positivos que vemos en nuestra pareja; aquello que hizo que nos enamoráramos de ella y que lo sigue haciendo. Fácil, ¿no? Sin embargo también fallamos mucho en este aspecto.

Una manera de promover la admiración hacia la persona amada es a través de lo que se conoce como "efecto Miguel Ángel", que suele llamarse así porque Miguel Ángel podía ver arte en donde nadie más podía (al admirar decididamente un gran bloque de piedra pudo crear el *David*). Piénsalo así: si yo escogí a mi pareja con base en lo que me gusta y admiro de esta, entonces no será un problema decírselo con frecuencia y en las diferentes oportunidades que se me presenten. De la misma manera, hacerlo provocará que mi pareja desee estar a la altura de mis halagos. Si le repito constantemente que es muy bella, querrá verse bella para mí. Si lo admiro por ser divertido y espontáneo, y se lo digo a modo de elogio, entonces él querrá hacer más de esto con tal de estar a la altura de mis dichos. Es una pauta en la que ambos ganan y el beneficio es inmenso, pues permitirá mantener una relación saludable a través de palabras que hacen sentir amado al ser amado, y que nos permitirán seguir viendo los mejores aspectos de esa persona.

Y sí, el afecto también puede inclinarse hacia lo negativo. Las ofensas, insultos, humillaciones y agresiones verbales de todo tipo permanecen en nuestros recuerdos mucho más tiempo del que quisiéramos y difícilmente se borrarán con simples palabras de admiración. Dicho de otro modo, de poco servirá insultar a nuestra pareja por cualquier pelea acontecida, arrepentirnos después y hablarle "lindo" al oído cinco minutos. Es decir, claro que debemos disculparnos, aceptar que nos equivocamos y esclarecer la cuestión, pero tampoco será el momento de usar palabras de admiración y elogio; aquello tendría que ocurrir en un mejor momento.

Pasará lo mismo con el "afecto implícito" y que comentábamos en la pauta anterior: no basta con que nuestra pareja lo sepa, debemos decírselo una y otra vez, aunque la repetición no nos parezca una buena idea. Y si ya te cansaste de decírselo siempre de la misma manera, trata de hacerlo de forma creativa, en otras condiciones y lugares. Se trata de admirarlo como hacemos con una obra de arte en un museo, una gran película o la naturaleza; aspectos y lugares que procuramos para dar rienda suelta a esta emoción. La admiración se busca, se cultiva y se demuestra.

Despedidas

¿Cuánto tiempo dedicas a despedirte de tu pareja cuando sales al trabajo? ¿O cuánto tiempo inviertes en saludarla por la mañana o cuando se encuentran en la calle? Bueno, pues la ciencia ha encontrado este poderosísimo recurso como fuente de parejas saludables, que además es un increíble predictor de la duración de las parejas. La ecuación resultante es así: cuanto más tiempo dediques a las despedidas, mayor probabilidad de tener una relación estable y duradera. Fascinante, ¿no lo crees?

Al parecer, las películas románticas tenían razón y realmente sirve no quererse alejar del ser amado mientras se sube al tren o debe tomar el vuelo para atender cuestiones laborales. No querer dejarlo ir, llenarlo de besos, acompañarlo a la puerta y prolongar el beso de despedida, recordarle nuestro amor antes de que suba al auto o lanzarnos a sus brazos cuando lo vemos llegar a la distancia son ejemplos de esta pauta de conducta que caracteriza a matrimonios exitosos. ¿Y cómo sabemos esto los científicos? Muy fácil: medimos el tiempo que tardan en despedirse parejas que se consideran saludables y parejas que no lo son. El resultado: las parejas que se llevan bien tardan hasta dos veces más en despedirse y saludarse, que las parejas tóxicas o poco saludables.

Hallazgos como el anterior marcan claramente la línea de acción: dedicar tiempo a los saludos y despedidas. No importa que lleve veinte años viviendo con él: puedo darle los buenos días con un beso que dure unos pocos segundos más de lo habitual. No importa que nuestra rutina sea muy similar todos los días: puedo besarla y abrazarla un poco más antes de salir por la puerta, aunque vuelva a verla muy pronto. No importa que una noche antes hayamos tenido una cena romántica: al despertar o verlo junto a la cafetera, ese beso extendido será la mejor manera de seguir cultivando el amor. Pero de lo que no se trata es de gritarle "¡te amo, ya me voy!", mientras echo a correr porque ya se me hizo tarde para el trabajo. Tampoco se trata de las muy utilizadas "conductas compensatorias" que incluyen dichos y acciones como: "ni modo, se lo compenso en la noche" o, peor aún: que tus despedidas prolongadas se vuelvan el medio para ocasionar peleas y discusiones, pues de lo que se trata es de extender la demostración de amor, no de preguntarle quién le escribió por Whatsapp a las doce de la noche. Al final, piensa que se trata de sumarle unos pocos segundos a una acción que además ya venías haciendo; y que al hacerlo así, la relación se puede beneficiar durante años.

Cita semanal

Sobre todo para los matrimonios con hijos, una cita semanal reporta gran valor si lo que desean es perseverar con la relación y seguir juntos de una manera saludable y armónica.

Al igual que con los puntos anteriores, algo que observamos al analizar y entrevistar a las parejas exitosas (sin importar el tiempo que lleven juntas) es que estas parejas se hacen de "rituales" propios en los que no se permite el acceso a nadie. Así, observamos que estas parejas tenían por lo menos una cita a la semana, completa y exclusivamente para ellos: los hijos no estaban invitados, la familia extensa (hermanos, suegra, abuelos) o cualquier otra persona externa (amigos o compañeros de trabajo). Se trata de una cita o salida o reunión o charla o actividad diseñada por y para ellos, pues las parejas saludables se dan cuenta de que necesitan tiempo para enriquecer su relación y que durante ese tiempo no hay cabida para los hijos ni ninguna otra persona (por más significativa que sea para ellos). Es lo que Buda llamaría "egoísmo funcional" y que resulta de gran valor para crear relaciones positivas significativas.

Para llevar a cabo esta estrategia, bastará planear y encontrar el tiempo. No se necesitan citas románticas de 24 horas o reservar una mesa en el restaurante más caro de la ciudad. De hecho, podemos tener esta "cita especial" en la sala de nuestra casa, la recámara o en un lugar tranquilo y que no implique gastar todo nuestro sueldo. Sin embargo, recordemos que se deben cubrir las dos condiciones:

tiempo y exclusividad. En consecuencia, no tendrá valor ni será de gran utilidad si planeamos esta cita para todos los jueves, pero luego de dos semanas ya no tenemos el tiempo o la motivación para llevarla a cabo. Igualmente, no es una cita exclusiva si al lado de nosotros está nuestro bebé o si debemos atender algunas necesidades de nuestros hijos conforme estamos juntos. Como suelo expresarle a mis pacientes: "la pareja llegó antes que los hijos". Por ende, la presente pauta nos recuerda este hecho y lo prioriza para los momentos que se requiere. Es cultivar el compromiso, que además es otro de los componentes del amor verdadero.

Reuniones

Esta pauta es la que más suele sorprender a mis pacientes en el consultorio, pues rebate mucho del sentido común que tenemos en torno a las relaciones de pareja y la cultura propia de países como el nuestro en donde aún se profesa el machismo o las condiciones de superioridad de uno u otro sexo. Irónicamente, las parejas que más prosperan y florecen son aquellas que mantienen vínculos sociales de tres maneras distintas: mi pareja tiene sus propios amigos, yo tengo mis propios amigos y como pareja tenemos amigos en común. O dicho de otro modo: mi pareja debe procurar tener amigos y pasar tiempo con ellos, yo debo tener los propios y pasar tiempo con ellos, además de que, como pareja, debemos tener amigos en común con los que pasaremos tiempo.

Como terapeuta de pareja sé que esta pauta es la más difícil de lograr, pero la que quizá reporta mayor valor. Estar con alguien no significa ser su dueño, decidir quiénes deben ser sus amistades o supervisar lo que hace en su tiempo libre y con quién lo hace. De la misma manera, la exclusividad de la pareja no implica dejarnos manipular, ser sumisos o sacrificar nuestra vida social por complacer a alguien. Además, nótese cómo hemos vuelto a la esencia misma de este componente: cultivar una rica vida social en aras de nuestro bienestar. Si realmente me interesa que mi pareja sea feliz al tiempo que yo lo soy, lo sano será tener amigos cada uno por su cuenta, y que esto no implique emitir un dictamen de quién es o no confiable, así como un cúmulo de amigos significativos a los que podamos ver como pareja. Un importante reto, cierto, pero la ciencia del bienestar te respalda y te dice que vale la pena intentarlo.

Ejercicio 7: Mitos y realidades en el amor. ¡Ponte a prueba!

Uno de los temas que reviste mayor cantidad de mitos y mentiras es el del amor y las relaciones de pareja, lo que ocasiona toda suerte de problemas y malestares que nos impiden llevar una relación sana y sin importar lo que dicte nuestro sentido común. Te invito entonces a poner a prueba tu conocimiento científico sobre el tema a través de un sencillo ejercicio que te permitirá identificar qué es verdad y qué es mentira.

Primera parte

Instrucciones: marca con una cruz las afirmaciones con las que estás de acuerdo; es decir, las que piensas que son verdaderas.

	Afirmaciones	*Tu respuesta*
1	Los componentes del amor verdadero son la comunicación y el respeto.	
2	Los matrimonios deben permanecer juntos por el bien de los hijos.	
3	El atractivo físico es lo primero y lo más importante.	

	Afirmaciones	Tu respuesta
4	La infidelidad demuestra que el amor no existe.	
5	En el amor verdadero todo debe ser dicha y felicidad.	
6	Si no está conmigo, jamás podré ser feliz.	
7	Soy muy valiosa y por eso me merezco un gran príncipe azul. Soy muy valioso y por eso me merezco una princesa o reina.	
8	Tengo que conseguir amor a toda costa y hacer que todos me quieran.	
9	No necesito decirle que lo quiero, ya lo sabe.	
10	Es así y debo aceptarlo.	
11	Tengo que cuidarlo y por eso soy celosa.	
12	Podemos amar a más de una persona a la vez.	
13	Pueden bastar 5 minutos o menos para saber que es el amor de mi vida.	
14	No puedo vivir sin mi pareja.	
15	Tiene a otras, pero es a mí a quien ama.	
16	El amor no tiene límites: como dice la Biblia "el amor todo lo tolera y todo lo soporta".	
17	Estoy incompleto cuando mi pareja no está.	
18	Cuando mi pareja sea cariñoso, atento, fiel, yo lo seré.	
19	Confío en mi pareja, pero no en los demás.	
20	Todos los hombres son iguales. Todas las mujeres son iguales.	
21	Si perdono una infidelidad, engaño, mentira, perdonaré todas las siguientes.	
22	Debo ser una esposa devota y obediente. Debo ser un esposo devoto y obediente.	
23	Los hijos son lo más importante en las relaciones de pareja.	

	Afirmaciones	Tu respuesta
24	Siempre debo estar de acuerdo con mi pareja: eso evitará discusiones o que los demás piensen mal de nosotros.	
25	El tiempo lo cura todo, así que debo ser paciente.	
26	¿Cuántas infidelidades debo perdonar? Ninguna.	
27	No puedo cambiar lo que siento; no depende de mí y yo no decidí sentir esto.	
28	No importa que nos hablemos con insultos, ofensas, groserías o pequeñas agresiones físicas; ambos sabemos que se trata de un juego.	
29	Mantener la rutina es la mejor forma de dar certeza y seguridad a nuestra relación.	
30	Las tres C son importantes para fijarme en alguien: que tenga carro, sea guapo y tenga dinero (carro, cartera, carita).	
31	No debemos darle todo a la pareja porque al hacerlo "nos tomará la medida" (ni todo el amor ni todo el dinero).	
32	Es imposible recuperar la confianza una vez que te han defraudado.	
33	Hasta que no llega a casa, no puedo ni debo sentirme tranquila.	
34	Los celos son normales: todos los experimentan y es muestra de que amo a mi pareja.	
35	Se puede amar "poco" o "mucho" a la pareja según se comporte con nosotros.	
36	Se puede amar sinceramente a alguien solo una vez en la vida.	
37	Las personas no cambian: quien es agresivo lo será siempre; quien es poco cariñoso lo seguirá siendo y quien es incomprensivo lo será pase lo que pase.	

¿Qué tal te fue? ¿Cuántas has podido responder con plena seguridad porque eran muy fáciles o sonaba obvia la respuesta? ¿Cuántas te hicieron dudar y preguntarte seriamente si podían o no ser verdad? ¿En cuántas afirmaciones te valiste del clásico "depende"? ¿En cuántas otras pensaste que sí, eso aplica para otras personas pero no para ti? Déjame hacerte un par de preguntas más atrevidas: ¿cuántas afirmaciones sabes que no son ciertas y pese a ello terminas haciendo lo contrario en tu propia relación? ¿Cuántas de estas afirmaciones sabes que son conductas o pensamientos que debes cambiar para mejorar tu relación y aun así no lo haces?

Estas y muchas otras afirmaciones similares son las que ha buscado responder la ciencia por medio de la investigación experimental. Entonces: ¿estás listo para conocer tus resultados? ¿Cuál es mito y cuál es verdad de estas 37 afirmaciones revisadas? He aquí lo que dice la ciencia:

Segunda parte

Instrucciones: vuelve a leer cada afirmación del cuadro anterior y contrasta tu respuesta con la información que se presenta a continuación.

	Afirmaciones	*¿Coincide con tu respuesta?* Marca (Sí/No)
1	De acuerdo con uno de los más prominentes psicólogos de la actualidad, Robert Sternberg, los componentes del amor auténtico son: pasión, intimidad y compromiso. Así, pasión se refiere a querer estar cerca de la pareja (físicamente); intimidad, a conocerla y dejar que nos conozca; mientras que el compromiso se refiere a atender las necesidades de la pareja.	

	Afirmaciones	¿Coincide con tu respuesta? Marca (Sí/No)
2	Se ha evidenciado, cada vez con mayor frecuencia, que los divorcios o separaciones afectan mucho menos a los hijos, en comparación con las relaciones que se mantienen pese al caos y las peleas constantes. En otras palabras, no es la separación lo que afecta a los hijos, sino vivir en un ambiente lleno de gritos, ofensas, agresiones y caos.	
3	La ciencia ha descubierto que el principal atractivo inicial es el sentido del humor. Aunque el atractivo físico es importante y puede mantener la pasión vigente (uno de los componentes del amor verdadero), no es el factor principal de una relación, ni el detonante para querer iniciar el encuentro.	
4	El amor existe y se encuentra en una estructura cerebral denominada hipotálamo Es el principal responsable de las famosas "mariposas en el estómago" y de producir sensaciones asociadas con la felicidad en la pareja.	
5	Los estudios han demostrado que las discusiones "constructivas" y desacuerdos casuales son signo de salud mental en la pareja. Recordemos que parte de la buena vida en pareja es la capacidad de discutir y negociar los términos: "Ni yo siempre tengo la razón ni tú la tienes siempre". Debemos defender la autonomía al tiempo que la comprensión empática.	
6	En la terapia cognitivo-conductual, este mito tiene que ver con las distorsiones cognitivas y las creencias irracionales que albergamos. Así, la felicidad es individual y no depende de nadie más que de mí: ni de mis hijos, ni de mis padres, ni de mis mascotas y, claro, tampoco dependerá de una pareja.	

	Afirmaciones	¿Coincide con tu respuesta? Marca (Sí/No)
7	Aunque contar con un autoconcepto sólido en aras del fortalecimiento de la autoestima es un trabajo individual importante, debemos aceptar que los príncipes azules y las princesas de cuentos de hadas no existen. Los seres humanos somos falibles y no podemos hacerlo todo bien siempre. Sí, me merezco algo bueno y a alguien que me ame en correspondencia, pero eso no quiere decir que debo perseguir la perfección absoluta. Al hacerlo, solo me encontraré con frustraciones, decepciones y expectativas imposibles.	
8	Como suelo decirles a mis pacientes, el amor no es para todos ni podemos ser amados por todos, pues se basa en la justicia y la reciprocidad. Así, no tenemos que "caerle bien" a todos, sino ser auténticos y dejar de lado las apariencias, pues de esta forma habrá quien nos ame por ser genuinos y con eso es más que suficiente. No todos deben amarme ni yo amar a todo el que esté cerca.	
9	El amor fluye mejor con las expresiones de afecto constantes, espontáneas y variadas (recordemos lo que dijimos sobre qué conforma a las parejas exitosas). No existe el "amor implícito", "entre líneas" o "intuitivo". El amor se dice, se vive y se demuestra.	
10	Resignarte a que las cosas "son así" es el primer paso para entrar en una debacle amorosa. Tal como expresa otro reconocido psicoterapeuta, Walter Riso, hay cosas en la relación que no debemos aceptar, pues hacerlo nos dañará y dañará la relación. Así, si algo te afecta, es absolutamente válido pedirle a la pareja que lo intente cambiar en aras del amor saludable.	
11	Las conductas de celos o celotipia (celos patológicos) no tienen que ver con el interés que le profesamos a una persona. El cuidado no se basa en la sobreprotección ni en coartar los derechos de la pareja (privacidad, libertad, autonomía).	

	Afirmaciones	¿Coincide con tu respuesta? Marca (Sí/No)
12	El amor requiere exclusividad, no podemos amar a más de una persona a la vez. No tenemos dos hipotálamos o dos pares de la misma emoción. Posiblemente lo que ocurre en personas que mantienen dos o más relaciones de pareja es que la pasión o el deseo sexual se encuentra exacerbado y con ello la sensación de plenitud o enamoramiento. Es decir, podemos sentirnos atraídos por varias personas, pero eso no quiere decir que las amemos a todas.	
13	En realidad, eso que llamamos "amor" no es más que la descarga de ciertos neurotransmisores (serotonina, dopamina) destinados a tal propósito, que están liberándose desde nuestro cerebro para llegar a todo el organismo durante al menos seis meses. Lo que sentimos entonces es más bien un "enamoramiento" que se volverá amor si pasado ese tiempo seguimos sintiendo lo mismo. Si no, no era más que la sobreproducción de estas sustancias químicas en nuestro cerebro.	
14	El amor es dar vida, no entregársela a alguien más. Recordemos que las parejas saludables son aquellas capaces de mostrarse genuinas, pletóricas y llenas de vida. Hacerlo así inspira a la otra persona a hacerlo igual. Por el contrario, creer que mi vida depende de alguien más anulará mi voluntad, mi independencia emocional y mi autenticidad. Dejaré de ser yo para pasar a ser la extensión de alguien más.	
15	Como se expresó en una de las afirmaciones anteriores, el amor requiere exclusividad para sentirse pleno y fluir mejor. Si tu pareja está con otros quiere decir que tampoco está contigo y, en consecuencia, no ama a ninguno.	

	Afirmaciones	¿Coincide con tu respuesta? Marca (Sí/No)
16	La Biblia se equivocó en esta parte: el amor no lo tolera todo. Si esto fuera cierto, entonces podríamos soportar cualquier tipo de vejaciones, humillaciones, ofensas, indiferencias, agresiones, conductas violentas, desprecios, privaciones, sometimientos, infidelidades, mentiras, violaciones y cualquier comportamiento de nuestra pareja que atente contra nuestra dignidad en el "supuesto nombre del amor". Cuando amas a alguien difícilmente quieres hacerle daño ni tú sentir que te hacen daño.	
17	Mitos tan arraigados como el de "la media naranja" nos hacen creer que estamos incompletos cuando el otro no está. El amor es compartir las alegrías y tristezas con alguien más y no depender de ese alguien en ningún sentido (emocional, físico, sexual). Pensar en que no se puede vivir sin el ser amado puede acarrear problemas como la dependencia emocional, la alienación (dejar de ser para parecerme a otro), la falta de autonomía, trastornos depresivos, entre muchos otros.	
18	Una de las primeras intervenciones que se diseñan en terapia de pareja es dejar de pedir o esperar que el otro cambie. Así, se invita a la pareja para que deje de "pedir" y empiece a "actuar". Ser más cariñoso "yo"; ser más empático "yo"; ser más divertido "yo". En otras palabras, se predica con el ejemplo para que después pueda pedir lo mismo en correspondencia y por un sentido válido de justicia.	
19	El ser humano es experto en justificar sus acciones, sobre todo cuando descubre que esas acciones no son las más adecuadas o benéficas para su relación. Al creer en esta afirmación, uno se puede dar derecho a sí mismo a ser celoso, posesivo, incomprensivo, suspicaz. En cambio, las parejas sanas serán capaces de decir: como confío en ti, no importará lo que busquen o pretendan otros.	

	Afirmaciones	¿Coincide con tu respuesta? Marca (Sí/No)
20	Esta afirmación se conoce como "sobregeneralización" y también es un mito derrumbado. El hecho de que nos hayan tocado "malas parejas" tres, cuatro o hasta ocho veces consecutivas, no quiere decir que el resto del mundo sea igual. Tal vez soy yo el que ha buscado en lugares equivocados o me intereso en aspectos que pasado un tiempo descubro no eran tan relevantes.	
21	Recordemos que la capacidad de perdonar es una de las fortalezas personales que nos permiten construir una buena vida, comprometernos y en consecuencia vivir en bienestar. No se trata de perdonar cada ofensa, sino de ser justos y valorar cada situación por separado. Sí, perdonar implica un riesgo, pero así como podemos perder también podemos ganar. En cambio, si me muestro inflexible desde el primer momento, corro el riesgo de que la severidad de mis juicios acabe con el amor saludable.	
22	Hay quienes piensan que el matrimonio es una especie de "cruz" con la que debemos cargar y que por eso debemos bajar la cabeza y acatar lo que diga nuestra pareja. Las relaciones de pareja no son juegos de poder donde uno es el dominante y el otro el sumiso. Eso funciona en la milicia o las prisiones, no en una relación donde se cultiva el amor maduro.	
23	En terapia de pareja, una manera de "rescatar" a los matrimonios que están a punto de rendirse y separarse (si es lo que desean), es hacerles recordar que la pareja fue primero; que el amor entre ellos fue primero; que gracias a mi pareja tengo a estos maravillosos hijos, y que los hijos son el resultado de esa unión, no al revés. La pareja debe conservar su papel de honor, al menos si lo que quiere es construir relaciones positivas significativas.	

	Afirmaciones	¿Coincide con tu respuesta? Marca (Sí/No)
24	Los desacuerdos son sanos y son parte de una relación estable y madura. Guardarme mis opiniones y deseos ocasionará estrés, frustración y malestar en general, que además terminará por explotar en algún momento y se desbordará como una inundación incontrolable. Claro, también es cierto que debemos aprender a expresar nuestra inconformidad: lo que en términos psicológicos se conoce como asertividad o inteligencia emocional (véase el capítulo 3).	
25	El tiempo puede empeorar las cosas y habrá situaciones que, por no haber atendido en tiempo y forma, se volverán irresolubles.	
26	No somos jueces, justicieros o castigadores de la pareja. Como dijimos antes, los seres humanos podemos cometer errores, y también podemos arrepentirnos y querer enmendar el daño. Así, el número de infidelidades a perdonar es libre: puedes decir cero, tres, cinco o cincuenta. Lo que en realidad importa es que respetes ese número para poder así respetarte a ti mismo, porque de otra forma sí empezarás a dañar tu dignidad personal. ¡Ah! Y claro..., ese número jamás se le dice a la pareja.	
27	Erich Fromm dijo, en *El arte de amar*, que un sentimiento puede aparecer y desaparecer. Por ende, sí podemos cambiar lo que sentimos, en cualquier momento y ante cualquier circunstancia. Amar a alguien es un acto voluntario en el que intervienen las emociones, pero también la razón.	
28	Esta es una conducta típica de muchos adolescentes: ¿Te has puesto a pensar lo paradójico que es ser despectivo con alguien a quien dices amar? ¿Por qué llamarla "gorda" si sabes que con eso dañas su autoimagen? ¿Por qué soltarle groserías "de cariño" a alguien que decidió compartir su vida contigo? O ¿por qué "golpear amistosamente" a tu pareja como parte de un juego inocente, cuando sabes que las muestras de amor son las caricias, besos, abrazos y demás? Tal vez no lo notes, pero ninguno de esos juegos es saludable ni amoroso y en ocasiones se trata de violencia encubierta.	

	Afirmaciones	¿Coincide con tu respuesta? Marca (Sí/No)
29	La ciencia del bienestar ha descubierto que en realidad una de las cosas que más nutren y renuevan las relaciones de pareja es la espontaneidad. Así, cambiar los hábitos, la rutina diaria, las actividades, intereses, aficiones evita que la relación se estanque y en consecuencia empiece a deteriorarse.	
30	Sí, es cierto que cada uno puede trazar sus propios intereses y deseos sobre estar o no con alguien, pero entonces no confundamos las cosas y seamos honestos con nosotros mismos: si estoy con alguien porque es guapo, tiene dinero o me lleva en auto a todos lados, no lo amo. No es amor y punto.	
31	Hay parejas que empiezan una relación con base en la desconfianza, lo cual tiene grandes probabilidades de que termine mal. Recordemos que el amor es básicamente reciprocidad y va en ambos sentidos. En consecuencia, puedo ser muy detallista uno, tres o seis meses seguidos, para luego esperar que mi pareja lo sea. O ceder en diferentes aspectos de la relación para luego poder cambiar los papeles. Pero noten que esta es la clave: primero yo y luego tú.	
32	La confianza se gana: eso es cierto. Pero tampoco desarrollaremos relaciones armónicas si empezamos por lo negativo. Lo mejor y lo que recomienda la psicología es empezar en la neutralidad: "Sí, me defraudó, pero empezaremos de cero y a ver qué ocurre". En otras palabras, se trata de pensar en el punto medio: ni es imposible estar bien ni todo estará bien de la noche a la mañana. Es paso a paso: ni imposibilidad ni fantasía ilusoria.	
33	La ansiedad suele ser un monstruo peligroso en las relaciones de pareja (la ansiedad como el miedo a nada y a todo al mismo tiempo). Probablemente por el tipo de educación que recibimos, pensamos que debemos proteger y cuidar a la pareja a capa y espada, como si fuera un ser indefenso que no sabrá jamás cuidarse a sí mismo. Entendamos que somos su pareja, no su padre, madre o guardaespaldas personal.	

	Afirmaciones	¿Coincide con tu respuesta? Marca (Sí/No)
34	Los celos tienen la misma función que nuestro apéndice: solo sirven para descomponerse y, al igual que el apéndice, es una herencia involutiva de nuestros ancestros prehistóricos. ¿Qué quiere decir esto? Que los celos sí mantenían una función en la antigüedad relacionada con la protección de la pareja y en pro de la supervivencia de la especie. Sin embargo, en la actualidad es una función totalmente innecesaria y desadaptativa. Así, ni son normales, ni les pasa a todos, ni sirven para demostrar amor. Por el contrario, "cosifican" a la pareja y dañan severamente la libertad individual que debe existir en las relaciones.	
35	El amor no tiene graduaciones o intensidades. Lo anterior sería tan absurdo como decir que amas poco a un hijo y mucho a otro. Dado que el amor es un verbo que denota acción (se vive y se practica), es imposible expresarlo en mayor o menor medida. Lo que sí ocurre es que en muchas ocasiones el desconocimiento del término (no saber definir el amor) o los hábitos negativos (actuar de manera contraria o desadaptativa respecto al concepto), producen comportamientos poco saludables o que no permiten mantener relaciones sanas.	
36	La ciencia ha descubierto que en promedio podemos amar tres o cuatro veces a lo largo de la vida. Lo más sano es mantenerse receptivo y abierto a las experiencias, pues como dice Bill Parrish en la película ¿Conoces a Joe Black?: podría abrirse el cielo.	
37	Lo único constante en nuestra vida es el cambio. Quien no cambia está condenado al sufrimiento y al malestar, pues nunca terminará de encajar y las personas que lo rodean terminarán por alejarse. Es cierto, nuestra esencia se mantiene, pero igualmente cierto es que las personas inteligentes son las que aprendieron a adaptarse mejor a las situaciones, al ambiente, a los desafíos diarios y sí, a la vida saludable de una relación de pareja. Así, casi cualquier conducta desadaptativa se puede modificar si la persona en cuestión cuenta con la convicción y la firme creencia en que puede hacerlo, para después poner en marcha los recursos psicológicos para conseguirlo.	

Y bien, ¿cuál fue tu resultado final? Seguramente pudiste darte cuenta de que todas las afirmaciones planteadas eran falsas, por lo que confío en que hayas obtenido un buen resultado. Haber contestado "no" a todas las afirmaciones de la primera parte, o por lo menos a la gran mayoría, era lo correcto. Esto significa que comprendes qué es el amor y cómo podemos mantener relaciones de pareja saludables. De lo contrario, ¡también es positivo!, porque quizá a partir de ahora dejarás esa creencia de lado y ya no querrás practicarla más dentro de tu vida amorosa. Así, puede que hayas pensado que algunas de estas afirmaciones eran verdaderas y se entiende, pues no siempre lo sabemos todo ni somos especialistas en el tema del amor. En consecuencia, vuelve a revisar tus afirmaciones, lo que dice la ciencia, y comienza a ponerlo en práctica.

Si pese a hacer esta comparación, tu pensamiento persiste, la invitación a reflexionar sobre ello queda abierta. Pregúntate: ¿esa idea realmente me sirve en mi relación de pareja? ¿Haberme dejado llevar por ese pensamiento podría haber ocasionado la ruptura que sufrí? ¿Mantener esa creencia me permitirá mejorar mis futuras relaciones de pareja? ¿Puedo darle una oportunidad a este sentido de cambio y a dónde me podría llevar?

Ojalá que el ejercicio te haya sido de utilidad. Que te permita reflexionar al respecto, detonar los cambios que hagan falta y juzgar desde tu propia experiencia qué ocurre ahora con tus relaciones de pareja.

COMPARTIR EXPERIENCIAS POSITIVAS

Aunque este capítulo ha estado permeado de estrategias y actividades encaminadas a enriquecer la vida social, incluiré un par de estrategias más que nos ayudarán y fortalecerán los vínculos sociales. La primera de ellas es compartir lo positivo.

Una manera confiable de nutrir nuestras relaciones interpersonales es la de compartir nuestras experiencias positivas ya que, a diferencia de lo que dicta el folclor popular, hablar de lo bueno debería ser la regla y no la excepción. Estamos acostumbrados a opacar los sucesos y cosas buenas que nos pasan (sobre todo en las culturas latinoamericanas), por un falso sentido de modestia y humildad. Sí, no es correcto vanagloriarnos de algo que no hicimos nosotros o que quizá todavía ni ocurre y ya lo estamos pregonando, pero igualmente equivocado es que una vez que lo bueno se presenta, olvidamos gritarlo a los cuatro vientos y hacer que todos se enteren.

De lo que se trata es de compartir con alguien esa buena noticia que recibí y "explotarla" con el justo valor que merece. Pregúntate: ¿cuánto tiempo inviertes en una conversación con tu pareja, familia o amigos, de aquello que te inquieta, te salió mal o te provoca sufrimiento? ¿Y cuánto tiempo le dedicas a una conversación basada en lo opuesto? He conocido a personas que pueden tardarse días en contarse y desbrozar el suceso trágico o desafortunado, pero que apenas pueden dedicarle cinco minutos a una plática acerca de lo que salió bien.

La verdad es que solemos ser muy injustos con estos sucesos. Recurrimos a frases como "no fue nada", "no es para tanto", "cualquiera lo hubiera hecho", "no es la gran cosa", mientras que para hablar de lo malo podríamos sacar al amigo de su cama a las tres de la mañana y quedarnos platicando hasta quién sabe qué hora.

Compartir las experiencias positivas repercute en nuestro entusiasmo, energía y vitalidad. La *vitalidad*, a su vez, suele definirse como la capacidad de profesar energía física y mental o de mantenernos entusiasmados por los sucesos de la vida. Además, la vitalidad está relacionada con la promoción de la salud mental y los criterios de esta, pues nos brinda una sensación de plenitud, de desarrollar todo nuestro potencial, aumenta nuestra autoestima, la autodeterminación, la autonomía y nos mantiene motivados. En el aspecto físico de la salud, disminuye el riesgo de padecer enfermedades coronarias, problemas del sueño, dolores de cabeza y hasta enfermedades somáticas (Lambert *et al.*, 2011); por si fuera poco, tiene implicaciones en el tratamiento de la depresión y nos permite percibir los problemas con menor intensidad.

Aunado a ello, la ciencia del bienestar ha descubierto que ni siquiera requerimos compartir todas las experiencias que nos acontecen. En este sentido sabemos, por ejemplo, que las personas que compartieron experiencias positivas de la vida diaria entre 60 y 80% del tiempo, aumentaban sus niveles de positividad (emociones positivas) y satisfacción con la vida. Es decir, no tiene que ser siempre, pero sí debe ser frecuente y por encima de la media (por ejemplo, compartir tres sucesos de los cinco acontecidos).

Con el fin de ponerla en práctica, puedes seguir dos diferentes metodologías que solemos emplear en investigaciones de este tipo. La primera versa así: "Piensa en algo bueno que te haya pasado en las últimas dos semanas. Ahora escribe un párrafo describiendo ampliamente qué fue lo que te pasó. Después, tómate al menos dos minutos para compartir con tu compañero eso que te pasó y cómo te sentiste".

Lo que se busca con esta intervención es mejorar tu capacidad de identificar sucesos agradables y compartirlos con personas, sin importar quienes sean. Puedes realizar esta actividad con toda clase de amigos, compañeros de trabajo, colegas, vecinos y, claro, con círculos cercanos como familia, hijos y pareja. La clave estriba, al igual que en otras estrategias revisadas, en nuestra habilidad para generar el hábito o lo que suelo llamar "compartir y contagiar". Sin embargo, la técnica perderá efectividad y valor si seguimos dejando pasar las oportunidades pensando que "no es importante" o que a los demás no les interesan las cosas buenas que me pasen. De hecho, cuando superemos este filtro negativo veremos que poco a poco y casi en automático podremos sacar papel y lápiz, escribir la experiencia positiva y pensar en la persona a quien se la vamos a compartir.

La segunda metodología suele identificarse en psicología positiva como "reminiscencia positiva" y es parte de las sesiones de trabajo en psicoterapia. Se trata de realzar aquello que nos salió bien asignándole la importancia debida. De manera más puntual, te sugiero llevarla a cabo de la siguiente forma:

Identifica los sucesos agradables que te hayan pasado a lo largo de la presente semana y por más insignificantes que te parezcan (haber disfrutado un buen desayuno, poner en marcha el proyecto que venías posponiendo, salir a pasear con tu mascota y contemplar el atardecer) o identifica un suceso agradable mayor que te haya pasado durante el último mes (el fin de semana romántico con tu pareja, las tardes de juego con tus hijos, la noticia de que serías ascendido en el trabajo). ¿Listo? Ahora piensa con quien habrás de compartir este "suceso menor o mayor" y busca a esa persona. Quédense de ver o mantengan una conversación telefónica pero en la que la constante sea hablar de estas experiencias positivas. Haz tu relato a detalle ¡Esa es la clave! Ampliar, describir y profundizar en la experiencia positiva al tiempo que la compartes con alguien más que te ayuda a lograr este propósito".

En el contexto clínico, la reminiscencia positiva suelen llevarla a cabo el terapeuta y el consultante (paciente): el primero haciendo cuantas preguntas puede, el segundo extendiendo el relato. Igual que hacemos con las cosas malas que nos ocurren. Asimismo, resulta interesante observar cómo los pacientes se van revitalizando con la experiencia y cómo empiezan a disfrutar de su relato. Claro, les cuesta trabajo al inicio y creen que basta un minuto para relatar todo lo que les pasó, pero con la debida práctica, la reminiscencia positiva, al igual que la metodología anterior, se vuelve una gran manera de compartir, fortalecer las relaciones y sentirnos bien en consecuencia.

Consideraciones acerca de esta estrategia

A lo largo de mi experiencia clínica me he percatado de dos situaciones que podrían resultar desfavorecedoras en torno a estos ejercicios. La primera es que no siempre se logran identificar las experiencias positivas recientes y la otra es que se distorsionan los sucesos para narrar una historia asociada al malestar.

Por supuesto, de lo que se trata es de evitar cualquiera de estas posibilidades. Recordemos que el objetivo es compartir estas historias con el fin de "conectar" con otras personas, no para sentirnos mal y buscar su consuelo. Eso podremos hacerlo en otros momentos. Así, para que cualquiera de estas dos estrategias funcione, necesitaremos comprender que no estamos atendiendo situaciones relacionadas con nuestro malestar o aquello que nos afecta de forma negativa; lo que buscamos es ufanarnos con lo bueno y que otros se enteren. Al final, los amigos, familia, pareja y otras personas, deben estar con nosotros en las malas, pero también en las buenas y en la justa proporción.

MEJORES PRÁCTICAS LABORALES PARA TENER MEJORES RELACIONES INTERPERSONALES

El trabajo es otra fuente significativa de bienestar, tal como veremos en el siguiente capítulo. Ocupa una gran parte de nuestra vida y la mayoría desea emplearse en un lugar donde pueda sentirse bien, plena, reconocida y, si es posible, hacer lo que más le guste. Con esa base, la psicología positiva ha invertido notables esfuerzos en la comprensión de lo que conforma empresas saludables y mejores prácticas asociadas a estas. En este sentido, el clima laboral saludable de una organización se ha identificado como uno de los requisitos indispensables para que las empresas conserven a su personal al tiempo que se dotan de prestigio y mejor reputación. Sin embargo, para crear un clima laboral así, dependemos completamente de las personas y la relación existente entre ellas, pues de poco servirá que diseñemos las mejores prácticas, políticas y estrategias de intervención, si los trabajadores (ahora llamados talento humano) las reciben con desgana, indiferencia o las ponen en práctica por obligación.

Derivado de lo anterior, es fácil intuir que el clima laboral saludable depende más de nosotros que de los responsables de la organización: mi "mal humor" se contagia; mis quejas constantes hacen que los demás se cansen y se alejen de mí; mis intentos de sabotear el trabajo pueden perjudicar la productividad de la empresa; ser un jefe déspota provoca que mis subordinados se sientan muy estresados; aislarme de los demás impedirá que se fomente el trabajo en equipo. No obstante, también ocurre el efecto contrario como dice el título de este ejercicio: mejores prácticas laborales mejorarán mi trato con los demás. De esta forma, obtendremos un beneficio doble: mejorar los hábitos relacionados con mi trabajo y mantener relaciones positivas significativas. He aquí lo que, de acuerdo con la ciencia, vale la pena probar:

1) *Ser amable con otros.* Esta práctica de la amabilidad tiene una gran influencia en nuestros niveles de felicidad, por lo que vale la pena intentarla. Los actos bondadosos promueven el *feedback* positivo en el trabajo (que me digan qué he hecho bien y qué puedo mejorar de una forma constructiva), la gratitud, el aprecio o la estima, la reciprocidad, el deseo de ayudar a otros, la confianza personal y el fortalecimiento de la autoestima (Salanova *et al.*, 2013). Para ponerla en práctica, la ciencia del bienestar recomienda diseñar prácticas frecuentes, divertidas y originales (como establecer "el día de la amabilidad"), como ir juntos a donar sangre, escoger un compañero con quien a lo largo de una semana seré más

amable y bondadoso de lo normal o ayudar a un colega con una situación personal fuera del contexto laboral.
2) *Expresar gratitud.* Como se expresó en el capítulo de emociones positivas, la gratitud potencia las experiencias positivas vividas a través del saboreo (*savoring*) y construye lazos sociales más sólidos. También brinda la sensación de estar bien y deriva en consecuencias benéficas para el trabajo, como la motivación, los actos bondadosos y la elevación (el deseo de ser mejores a través de las acciones positivas que vemos en alguien más). Sin embargo, la gratitud se practica y no puede reducirse al mero hecho de decir "gracias" en el trabajo. Por ejemplo, la práctica de la gratitud se puede ver reflejada en una carta que le escribamos a nuestro colega, jefe o compañero de trabajo (sin volverlo una invitación a salir o a intentar quedar bien con alguien para obtener futuros beneficios). También podemos tomarnos un tiempo para expresarle gratitud a alguien a través de diversas palabras de aprecio, tal vez sentándonos cinco minutos con la persona para reconocerle y expresarle nuestro aprecio por cualquier acción hecha en el trabajo. O bien, si eres tú el encargado de un área, puedes reunirte periódicamente con tu equipo para hablar de las metas alcanzadas en el periodo y agradecerles públicamente por ese motivo.
3) *Invertir tiempo en las relaciones interpersonales.* Aunque suene redundante, esta estrategia se refiere a brindar apoyo social en los momentos de crisis (como algunas empresas aprendieron con base en la crisis sanitaria que vivimos). El simple hecho de brindarle información a las personas en relación con su problema es ya una manera de sumar y contribuir. Asimismo, el apoyo emocional, la asistencia o la ayuda directa son otros mecanismos útiles en este rubro. ¿Quién dijo que los problemas de los demás no son de mi incumbencia o que es mejor dejar solas a esas personas? El apoyo social en el

trabajo es un gran propulsor de nuestro bienestar, además de que mejora la satisfacción laboral, la salud física y disminuye el desgaste laboral excesivo o síndrome de *burn-out* (Viswesvaran *et al.*, 1999). Finalmente, Salanova y Schaufeli (2009) sugieren las siguientes estrategias adicionales: *a)* pasar más tiempo socializando con los compañeros y el jefe inmediato en los descansos o momentos de ocio, *b)* hablar con nuestros compañeros no solo de cuestiones laborales, sino de temas personales, *c)* mostrar lealtad a otros y dar la sensación de que pueden confiar en nosotros, *d)* dedicar tiempo a escuchar a otros cuando lo requieren y *e)* compartir las buenas noticias (estrategia anterior de este capítulo).

6. Estrategias para cultivar una vida con sentido

> *Si no estoy para mí mismo, ¿quién estará para mí?*
> *Si estoy solo para mí mismo, ¿qué soy?*
> *Y si no es ahora, ¿cuándo será?*
>
> Talmud

Los beneficios de una vida con significado

La cuarta vía del modelo es la vida con significado. Esto implica creer que el sentido de nuestra existencia es de utilidad para algo más grande que nosotros mismos, algo que nos rebase y tenga una dimensión mayor. Significa darle un propósito a nuestros proyectos, sueños, metas, objetivos u ocupaciones ya sea a nivel político, religioso, familiar, espiritual o profesional; todo con miras a un posible legado que perdure a través del tiempo. Asimismo, se sustenta en hallar algo más que actividades que nos nutran y hagan sentir plenos (como vimos en el capítulo de *engagement* o compromiso), pues incluye el descubrimiento de las condiciones que hacen que algo nos parezca significativo. Es responder con cierto grado de confianza "¿para qué hago lo que hago?" y estar satisfechos con la respuesta.

Diferentes autores apuntan que la vida con sentido brinda la oportunidad de actuar con coherencia, establecer prioridades y actuar con ciertos valores y normas que a su vez nos dotarán de dirección, autoconocimiento, sensación de logro y, claro, una vida asociada con el bienestar. De hecho, hay psicólogos que ponen en primer lugar la búsqueda del sentido; afirman que nada se puede desear a menos que antes tengamos un propósito para nuestra existencia y que dicha necesidad no decrece ni desaparece nunca (Frankl *apud* Barragán, 2012). En otras palabras, la búsqueda del sentido es lo primero y una necesidad vital del ser humano.

A este respecto me gustaría que te preguntes: ¿cuál es el sentido de mi vida? ¿Mi propósito principal? ¿El significado más profundo y fundamental de lo que hago? ¿Cómo deseo trascender? ¿Cuál será mi legado una vez que deje este mundo? O la pregunta que aparece más arriba: ¿para qué hago lo que hago?

Como a muchos de nosotros, tal vez te cueste trabajo responder a estos planteamientos de forma satisfactoria (lo cual es absolutamente normal) y es que no son preguntas sencillas o que podamos responder con un "sí" o un "no". Son preguntas existenciales, difíciles de responder y que involucran una revisión total de quiénes somos, quiénes fuimos y quiénes queremos ser; sin embargo, conforme logras responderlas, los beneficios se te presentan de múltiples maneras.

Si no has podido dar claramente con una respuesta que te satisfaga o de la que no estés seguro del todo, de eso trata el presente capítulo. La vida con sentido también se cultiva, se nutre, se desarrolla y se pone a prueba con base en los desafíos de esta. Y lo hacemos porque el sentido de vida importa, más de lo que creemos, para experimentar mayor bienestar, florecimiento y satisfacción en todos los dominios de la vida como la conocemos.

Iniciemos con un par de definiciones sobre este particular concepto: "La vida con significado es aquella en la que las personas se sienten conectadas con algo más grande que ellas mismas" (Peterson, Park y Seligman, 2005, p. 37).

"El sentido de vida se define como el grado en el que una persona comprende o percibe significado en su vida, sintiendo con ello un propósito mayor, misión o meta de vida" (Steger, 2009, p. 680).

A continuación, e igualmente importante, enlisto algunos de los beneficios de cultivar una vida con sentido con base en lo ya expuesto:

a) Existe una relación bastante consistente entre la presencia de sentido de vida y el bienestar (Park *et al.*, 2010). Esto quiere decir que al invertir esfuerzos en percibir de forma consciente el significado de nuestra vida, aumentaremos significativamente nuestros niveles de bienestar.
b) Las personas que dicen contar con un sentido de propósito y significado, también reportan mayor satisfacción con la vida, afectos más positivos, niveles más altos de optimismo y mejor autoestima (Park *et al.*, 2013).
c) Al cultivar una vida con sentido, disminuye considerablemente el riesgo de padecer problemas psicológicos.
d) Las personas que piensan que su vida tiene sentido son en general más felices, experimentan mayor sensación de control sobre su vida y están más involucrados (*engaged*) en su trabajo.
e) La vida con sentido se relaciona positivamente con la trascendencia y permite a las personas dedicarse a un ideal o causa mayor (por ejemplo, a través de conductas altruistas).
f) La vida con significado permite reducir los niveles de depresión y ansiedad, y las personas son menos propensas a consumir alcohol en exceso y otras sustancias (Steger, 2009, p. 680).

Ejercicio 8: Mapa de la identidad

Una manera confiable de empezar a trabajar en nuestra búsqueda del sentido es a partir de lo que los psicólogos llamamos "autoidentidad", y que se refiere al grado en que somos capaces de describirnos de una forma compleja (o específica), con características independientes de otros e importantes para nosotros y de la manera más amplia posible. Es convertir nuestra personalidad en algo complejo que reconocemos como valioso. Según Linville (*apud* Kimble *et al.*, 2002) es sano ser complejo porque de esa forma un golpe contra el aspecto del "yo" (quienes somos) no produce un efecto tan desbordante.

Si se sigue esta línea, saber quiénes somos a detalle posibilita saber quiénes queremos ser, lo que a su vez detona en autodirección y propósito. Abreviando esta secuencia, observamos lo siguiente:

Personalidad compleja (autoidentidad) ⟶ Autodirección ⟶ Vida con propósito

Para poder evaluar nuestra personalidad a través de la autoidentidad, los profesionales de la salud mental recurrimos a un sencillo ejercicio que te presento a continuación.

En una hoja, enlista cuantos enunciados puedas que respondan a la pregunta básica: "quién soy yo". No hay un tiempo límite ni un número ideal de respuestas. Tampoco es necesario redactar párrafos extensos o elaborados. Piensa más como si fuese una lista de todas las características importantes que te describen y te definen. Puedes empezar con la palabra "soy" y ver cuántos enunciados logras completar en el tiempo que tú mismo determines. ¿Listo? ¡Adelante!

---

1. Soy _____

Nota: te sugiero no continuar con la lectura hasta haber completado este ejercicio.

De acuerdo con la psicología social, las personalidades complejas (sanas) logran describirse sin dificultad con al menos 20 adjetivos o características importantes para sí mismas. ¿Cuántas lograste escribir tú? ¿Cuánto tiempo te llevó? ¿Te costó trabajo conforme avanzabas? ¿Te concentraste en características físicas, emocionales o de otro tipo? ¿Cuántas dirías que reflejan la esencia de quien eres? ¿Cuáles consideras virtudes o atributos y cuáles defectos o aspectos en los que quisieras mejorar?

Es probable que si eres como la mayoría de mis pacientes, al realizar este ejercicio haya un listado que efectivamente te define, pero que parece incompleto. Dicho de otro modo: ¿y si te diera una semana para completar este listado? ¿Crees que empezarían a aparecer más características que pasaste por alto? ¿Quizá cualidades que te distinguen en el trabajo o defectos que te cuesta trabajo reconocer? ¿Y qué tal si incluyeras en la lista los adjetivos con los que te describirían otros? ¿O aspectos de tu personalidad relacionados con tus metas y propósito de vida? ¡Adelante! En realidad estas preguntas sí son una invitación a continuar con el ejercicio por lo menos de aquí a una semana. Seguro observarás un progreso sustancial en tu lista y te hallarás aún más satisfecho con el resultado (he tenido pacientes que regresan con una lista de más de cincuenta adjetivos y de la cual se sienten muy orgullosos).

Como podemos notar, el mapa de la identidad es una manera de perfilar mejor quiénes somos, aunque muchas de estas características tengan que ver con el malestar presente en nuestra vida. Al igual que ocurre con los pacientes en psicoterapia, responder a la pregunta "¿quién soy?" con muchos aspectos negativos de su personalidad, podría hacerlos pensar que verdaderamente son "malas personas" o que están inmersas en el sufrimiento. Soy "voluble", "altanero", "agresivo", "amargado", "frío", "inútil", "mentiroso", "mala madre"; podría hacerles pensar lo anterior, pero también podría ser un punto de partida para el cambio en su vida y para hallar una dirección mejor. Así, mi trabajo en el consultorio se centra en reconocer estos aspectos supuestamente negativos de su personalidad, como los obstáculos que sí, están presentes en su vida, pero de los que esperamos desprendernos para corregir el rumbo de nuestra barcaza. En consecuencia, si este fue tu caso, piensa que al reconocerte de esta manera ya sabes perfectamente lo que quieres desechar; eso que no quieres en tu vida.

En otros casos, puede que lo que haya pasado es que te detuvieses apenas en cinco, ocho o hasta 10 características de las 20 mínimas esperadas. ¿Sufriste un bloqueo creativo como nos pasa de repente a los escritores? ¿Veías pasar los minutos y nada aparecía en tu cabeza y en consecuencia en tu lista? ¿O sabías qué escribir pero no estabas seguro de que aquello realmente te definiera? Para cualquiera de estas situaciones, el panorama es también alentador. ¿Por qué? Porque entonces te hallas libre de incluir en tu lista lo que quieras y desees cultivar de aquí en adelante. O aludiendo a una metáfora: piensa que eres un lienzo que va cobrando forma; has dado las primeras pinceladas (para bien o para mal); con los colores, formas y espacios que tienen sentido hasta ahora; los que has creído necesarios según el caso. Eres una obra de arte en construcción (en proceso); dotada de formas que, no siempre han dado el resultado deseado, pero que tampoco han atemperado tu convicción de concluir el lienzo. Sigues avanzando para descubrir cómo se verá esa obra una vez finalizada. Y, claro, la que lleve tu firma al final de este encomiable trabajo.

Estas nociones de cambio, transformación, reconocimiento o enriquecimiento de la personalidad son elementos transteóricos esenciales de la psicoterapia positiva en situaciones adversas (lidiar contra la adversidad) y un eje de acción fundamental: aceptar la realidad como es, como paso previo para transformarla. Muchas de las preguntas que te haría el terapeuta girarían en torno a este camino de búsqueda y bien podrían comenzar con el cuestionamiento: ¿quién era yo entonces? y avanzar paulatinamente a la pregunta de cambio: ¿quién soy yo ahora? Es decir, la creación de un espacio totalmente abierto a la curiosidad de ahondar e interrogarse sobre la identidad personal igual que acabas de hacer en el ejercicio.

Después, una vez que has abierto este espacio (al que podemos llamar "la búsqueda de la identidad con significado"), se analizarán cada una de las áreas relativas a lo que consideras que "puedes hacer" y "no puedes hacer" (a diferencia de lo que nos han hecho creer algunos *coaches* y motivadores, lo imposible existe y es un signo de salud mental reconocerlo); lo anterior con el objetivo de brindar una sensación de control sobre el medio, así como la aceptación de miedos e inseguridades como parte de lo que somos. Acto seguido, el cuestionamiento de nuestras propias creencias será de vital importancia: aprender a cuestionarnos dichos absurdos como "genio y figura hasta la sepultura", "los límites están en nuestra cabeza", "debo ser perfecto y hacerlo todo bien", "ya soy muy mayor para cambiar", "infancia es destino", "es mi cruz y debo cargar con ella" y el extenso etcétera, te permitirá construir nuevos aspectos y significados personales que te hagan sentir mucho más satisfecho con quien eres y serás y el sentido de vida de todas tus acciones.

El tercer paso será la responsabilidad personal que logres atribuir a tus acciones al comprender plenamente que hay situaciones que dependen de ti y muchas otras que no, pues son fruto del azar, de las decisiones de otros o de circunstancias externas. Por ejemplo, puedes dejar de sentirte molesto porque tu compañero de trabajo no recibió "su merecido" por lo que hizo, al aceptar que no dependía de ti impartir justicia o recuperar el orden establecido. No somos jueces ni sacerdotes.

El cuarto paso a desarrollar en esta forma de psicoterapia enfatizará el papel de las relaciones humanas (véase el capítulo anterior), sobre todo al concebir esas relaciones como personas que nos otorgan un significado vital y, en muchas ocasiones, un propósito de vida (por ejemplo, al desear ser padres). Así se ahondará en las experiencias y aprendizajes personales previos en relación con los demás con objeto de fortalecer los vínculos, mejorar las relaciones existentes, diseñar nuevas formas de interacción, al tiempo que se evalúan con frecuencia los resultados de esta nueva vida social (por ejemplo: ser más expresivos con nuestros amigos, volver a creer en el amor de pareja, mejorar las relaciones en el trabajo, empatizar con los desconocidos o aprender a confiar en vez de desconfiar).

El quinto paso es hablar del sentido de plenitud, que se relaciona estrechamente con el sentido de vida como componente de gran valor en la consecución del bienestar. Dicho de otro modo, es en esta parte del proceso cuando nos convencemos de estar en el camino adecuado, el lugar correcto y disfrutamos por eso.

Dato útil: de acuerdo con los autores de la psicoterapia positiva en situaciones adversas, el sentido de plenitud solo se convertirá en bienestar si cumplimos tres requisitos básicos (Pérez-Sales, 2009):

a) *Sistema de valores.* Se refiere a poseer un conjunto de valores que rijan nuestras decisiones y convicciones más profundas (dado que valoro altamente la honestidad, evito mentirle a mi pareja o a otros, aceptando la responsabilidad de mis acciones, por ejemplo).
b) *Proyecto vital.* Contar con metas y objetivos realistas y plausibles para mí. Además, saber que ese proyecto de vida me otorga significado y congruencia (adecuación entre la verdad que ocurre en mi mente y la realidad).
c) *Estructura vital de relaciones y rutinas satisfactorias.* Día a día trabajo para cuidar mis relaciones interpersonales, además de sentirme satisfecho con mi rutina diaria.

Por último, se abordará el sentido de coherencia con uno mismo, en donde se cuestionan introyectos o prácticas sociales y culturales que hemos seguido más por obligación que por deseo, en aras de este crecimiento personal y cambio sostenido. A este respecto, el paciente podría replantearse ideas religiosas, educativas o populares (por mencionar algunas) que no parecen adecuarse a los pasos anteriores (analizar áreas de puedo y no puedo hacer, creer en el cambio personal, responsabilidad personal, vínculos sociales y sentido de plenitud) y que durante la terapia podría elegir ya no seguir, modificar para ajustarse a sus nuevos esquemas o formularse nuevos planteamientos de los mismos (por ejemplo, dejar de seguir una religión, seguir la verdadera vocación, adoptar una actitud diferente ante la vida, forjar un nuevo camino de espiritualidad). En otras palabras, se aprende a ser congruente con uno mismo, nuestra dirección y camino a seguir, pese a que no siempre los demás estarán de acuerdo o intenten desviarnos de aquello que para nosotros es realmente valioso.

La búsqueda del sentido, sin embargo, no es una labor exclusiva de la psicoterapia (aunque claro, puede ayudar de manera significativa cuando nos hallamos totalmente perdidos o no sabemos por dónde empezar), ni requerimos que se presente una situación realmente adversa para que caigamos en cuenta de lo primordial que es este componente en nuestro bienestar (no necesitamos divorciarnos, sufrir una pérdida importante o quedarnos solos por nuestro "mal carácter" para desear cambiar profundamente). En realidad y al igual que el resto de los componentes del modelo PERMA (positividad, compromiso, relaciones positivas, significado y logros), la vida con significado es una constante y no una excepción que ocurrirá ante un evento desafortunado o una tragedia personal que nos obligue al cambio. Es decir, se practica y se lleva a cabo con tanta frecuencia como sea posible, pues nos brinda estructura y una maravillosa brújula interna.

Ejercicio 9: El funeral

Una vez que hayas trazado tu mapa de la identidad (ejercicio 8), al cual le seguirás sumando características identificables o transformadoras para tu crecimiento personal, el siguiente ejercicio de reflexión y autoanálisis te permitirá profundizar en la búsqueda del sentido o propósito de vida. Lee atentamente y procura seguir cada uno de los pasos descritos tomándote el tiempo necesario para cada uno de estos:

Imagina un funeral. Es una bonita capilla rodeada de todo aquello que caracteriza un funeral. Te adentras lentamente mientras observas todo con tranquilidad y a tu propio ritmo. Caminas por el pasillo central, fijándote en detalle en las flores, la suave música del órgano y todos aquellos elementos propios de un funeral bello y bien arreglado. Por supuesto, hay también rostros de amigos y parientes. A ellos también los observas y sin decirles nada sigues caminando hasta el frente.

Cuando llegas al ataúd y miras dentro, te ves cara a cara contigo mismo. Sorpresivamente descubres que es tu propio funeral. Tomas asiento, pues está por comenzar.

Hay cuatro personas que van a expresar sentimientos de amor y aprecio por ti para rendirte un homenaje: un familiar, un amigo, un compañero de trabajo y alguien de tu entorno (por ejemplo, un vecino o alguien que te conoció en alguna época de tu vida).

Tómate tu tiempo y después piensa en lo siguiente: ¿qué te gustaría que cada uno de los oradores dijera sobre ti y tu vida?, ¿de qué tipo de persona (padre, madre, hermano) te gustaría que hablaran? ¿Qué clase de amigo eres o fuiste? ¿Qué carácter te hubiera gustado que viesen en ti? ¿Cómo te gustaría haber influido en sus vidas? ¿Cómo te gustaría que te recordaran?

Después reflexiona sobre estas otras cuestiones: ¿estás contento con la vida que llevaste hasta hoy? ¿Qué cosas te gustaría hacer o haber hecho de forma distinta? ¿Te hubiera gustado tener otras prioridades? ¿Qué prioridades quieres tener a partir de ahora? ¿De qué te arrepientes? ¿De qué te felicitas?

Por último, profundiza en las siguientes preguntas: ¿han venido a saludarte todas las personas que te hubiese gustado que vinieran? En caso de que creas que falta alguien: ¿quién o quiénes faltan? ¿Por qué te parece que no están ahí? Si pudieras escuchar los pensamientos de tus seres queridos, ¿qué estarían pensando? ¿Cómo te gustaría ser recordado y qué puedes hacer en tu día a día a partir de ahora para crear la mejor versión de ti mismo?

Una vez concluido tu momento de reflexión, te invito a seguir llevándolo a cabo con la frecuencia que consideres oportuna y con el fin de seguir trabajando en el arte de cultivar una vida con sentido. Piensa que nunca es tarde para empezar, corregir y enmendar el daño, transformarnos, reconciliarnos con otros y ser quienes queremos ser verdaderamente.

Existen muchas formas y prácticas para cultivar una vida con sentido; sin embargo, como propone Emily Esfahani (2019), de quien hablaremos a continuación, no es posible hallar el sentido de nuestra existencia si estamos inmersos en nosotros mismos (lo que usualmente se conoce como egocentrismo). Probablemente por eso hay una estrecha relación entre la vida con sentido y la conducta altruista (acciones sostenidas de querer ayudar a otros). Otros autores (King y Napa, 1998) sugieren que el bienestar integral es el resultado de la combinación de la felicidad y el significado, entendido por estos investigadores como la conexión con los demás, el propósito y el crecimiento individual que brindan la sensación de satisfacción y el logro personal. McGregor y Little (1998) coinciden con dicha postura y llegan a la conclusión de que la vida con sentido es también uno de los indicadores de una persona que tiene una salud mental óptima. En investigaciones más recientes se ha encontrado que trabajar en este componente permite lidiar con los pensamientos negativos, disminuir los niveles de estrés, depresión, desesperanza, pensamientos suicidas y, al mismo tiempo, que ayuda a identificar muchas más razones para estar vivo (Mei-Chuan *et al.*, 2007).

Otra excelente noticia sobre el tema es que las fuentes que producen una vida con significado son vastas y ambiciosas para cualquiera. Desde el trabajo del psicólogo humanístico Viktor Frankl, quien como sabemos sobrevivió a los campos de concentración nazis gracias al cultivo de la vida con sentido, la ciencia ha identificado al menos siete grandes fuentes de significado independientes de la cultura: logro (tema que abordaremos en el siguiente capítulo y que se refiere a una vida plena encaminada a la obtención de logros significativos), aceptación personal (satisfacción con la vida), relaciones significativas (dar lo mejor de mí para ser un gran padre, por ejemplo), intimidad (el conocimiento profundo de uno mismo), la religión o espiritualidad, la autotrascendencia (trascender en el tiempo) y la justicia (realización de acciones que favorecen la igualdad y la justicia).

Ejercicio 10: ¿Cuál es tu fuente inagotable de significado?

Instrucciones. Según el título de este ejercicio, trata de imaginar siete fuentes de agua inagotables de las cuales podrías beber el resto de tu vida. Cada una es igualmente bella y majestuosa, con aguas límpidas que contribuyen a que te sientas pleno y satisfecho con tu vida. Además, cada pequeño trago te impulsa y guía por el camino correcto, por lo que probablemente jamás te verás en la necesidad de cambiar de fuente. Lo único diferente en cada una es la inscripción que aparece debajo en una placa metálica que parecería estar escrita solo para ti. Además, lo que está ahí escrito te llama, pues las siete placas tienen un gran sentido; es decir, son caminos igualmente válidos y, al seguir cualquiera de estos, nutrirán tu vida el resto de los años que te quedan por delante, haciéndote sentir pleno, seguro y confiado. Acto seguido te acercas lentamente a leer cada una de las placas, sin prisas y reflexionando detenidamente en cada una, en su poder, en su significado, en lo que dice de ti y de tu vida. Quizá, mientras vas de fuente en fuente, haces un repaso de quien eres, de lo que has hecho y lo que te falta por hacer. Sin embargo, también sabes que luego de leer cada una de las inscripciones en las placas, tendrás que escoger solo una. ¿Cuál será? ¿Cuál es tu fuente de significado? ¿Logro, aceptación personal, relaciones significativas, intimidad, religión o espiritualidad, autotrascendencia o justicia? Esto es lo que aparece escrito en cada fuente:

Logro. Tu legado estriba en la consecución de metas y lo bien que te hacen sentir contigo mismo. Trazas, diseñas, planeas y llevas a cabo metas que son valiosas para ti y una vez que las alcanzas, descubres el valor de la vida misma. Tus logros te dicen de lo que eres capaz y por eso trabajas denodadamente para su cumplimiento. Vida de logros, perseverancia y metas significativas son las verdaderas razones de tu existencia y de tu paso por el mundo.

Aceptación personal. Estás satisfecho con la vida tal como la has vivido. Aceptas lo bueno y lo malo de este mundo, lo que te ha tocado, a lo que aspiras y lo que jamás será para ti. Incluso te muestras agradecido y disfrutas plenamente lo que te ha tocado vivir. Recibes, esperas y das en la justa medida. Equilibrio, aceptación y satisfacción: esas serán las linternas con las que te seguirás abriendo paso a través del mundo y que cultivarán tu vida con sentido.

Relaciones significativas. Tu sentido siempre te lo dará el número de personas valiosas en tu vida, pues ser la mejor pareja es tu consigna permanente. Ver felices a quienes más amas te hace feliz en la misma medida. Aspiras a ser un ejemplo para tus hijos, convertirte en el abuelo que está rodeado de una extensa familia, o bien profesar un gran amor a tu pareja hasta el final de los días. Amor de familia, conyugal y ser un ejemplo de vida: esas serán tus guías.

Intimidad La vida será un viaje de autodescubrimiento para ti, sin importar cuántos años tengas o el número de experiencias que acumules. Has aprendido a ser único y eres feliz por quien eres, no por como te juzga el mundo. Además, vives redescubriéndote y reinventándote con cada suceso de vida. Conocimiento profundo, amor propio y autenticidad: esos son los componentes que tú más necesitas y la base de tu propósito en la vida.

Religión o espiritualidad. Profeses o no una religión, le das sentido a tu vida sabiendo que hay algo mucho más grande que nosotros. Tal vez sea un Dios bondadoso que nos cuida o la naturaleza que nos colma de belleza. Incluso podría ser algo que no has definido del todo, pero que te brinda seguridad, confianza y esperanza para los tiempos venideros. Por ende, la vida espiritual es tu razón de existir y lo que marcará el rumbo de todo lo que hagas.

Autotrascendencia. Como cuenta la mitología griega acerca de Aquiles, tu propósito fundamental es dejar un legado que perdure. Crear algo que no se extinga al paso de los años o cuando dejes este mundo. Quizá cultives una de las bellas artes o te comprometas con una actividad que deje una huella importante para los demás y de la que seguirán hablando durante décadas o incluso siglos. Trascender, dejar un legado a la humanidad y la inmortalidad de tu obra son tu verdadero sentido de vida.

Justicia. Te riges tanto por este valor que lo has tomado como una máxima de vida. Evalúas tus dichos, pensamientos y metas futuras con base en cuánta justicia se imprime en ellas. Así, te esfuerzas cada día por realizar acciones que contribuyan a esta fuente de significado y desde tu comprensión del mundo. Tratarás de ser justo con las personas, contigo mismo, en el trabajo y en cualquier situación en la que te encuentres. Igualdad y justicia universal son tus antorchas de sentido.

Entonces, ¿cuál es tu fuente de significado? Lo sé, es una decisión sumamente importante, por lo que puedes tomarte todo el tiempo que necesites, abriendo y cerrando este libro, releyendo cada una de las inscripciones o incluso haciendo un repaso general de tu existencia hasta ahora. Sigue pensándolo. No obstante, quisiera brindarte una pequeña ayuda, y es que en el fondo tú siempre has sabido la respuesta. ¿No me crees? Sigue revisando en tu interior.

Cuando tengas lista tu respuesta, escríbela debajo:

Mi fuente inagotable de significado es: _____

Ahora que has hallado una fuente de significado como elemento que contribuye directamente a tu bienestar, podemos hablar de los pilares que sostendrán dicha fuente. Para este fin, la psicóloga positiva Emily Esfahani ha desarrollado una propuesta tentativa y preliminar que ha denominado "el arte de cultivar una vida con sentido" y que se compone de cuatro pilares esenciales: *pertenencia, propósito, narrativa* y *trascendencia*. Examinemos cada uno de ellos para cerrar poco a poco el trabajo que has hecho hasta ahora en relación a este componente:

1) *Pertenencia*. Se refiere a la forma en que nos relacionamos con otros y asignamos un valor especial al hecho de compartir nuestra vida con los demás. Es el pilar que nos permite crear conexiones profundas con familiares, amigos, compañeros de trabajo, vecinos o la comunidad entera (por ejemplo, al pertenecer a una asociación religiosa o congregación). Pertenecer a algo más que yo mismo y sentirme parte porque este conjunto de seres humanos tan valiosos así me lo hace saber día a día. En consecuencia, es un pilar que se nutre

a través del amor y muchas otras emociones positivas, que permiten expresar lo que siento fluida y naturalmente a estos seres queridos y recibirlo de vuelta, no siempre en la misma medida ni de la misma manera, pero sentirlo. Pertenecer me da sentido porque me conecta con las personas importantes en mi vida y posibilita la expresión de una gran gama de emociones, sentimientos y afectos que me permiten florecer y sentirme querido en todo momento.

2) *Propósito.* Para cultivar este pilar, deberé utilizar todo lo que es bueno en mí al servicio de otros. Implica identificar mis fortalezas personales (véase el capítulo 4) y usarlas para beneficiar a alguien más que yo mismo. Por ejemplo, al contribuir en la comunidad con lo que sé y puedo hacer: quizás me postule para jefe de manzana o me inscriba como voluntario para enseñar a hablar inglés a niños de bajos recursos. La clave estriba en reconocer que, al ser bueno en algo, puedo buscar los medios para llevarlo a cabo y ayudar así a otras personas, porque de esa manera contribuimos y nos volvemoss parte de algo. Lo anterior explica porqué muchas veces nos sentimos "desconectados" de las cosas o las personas: un padre puede sentirse alejado de sus hijos cuando no es tomado en cuenta; un trabajador puede sentirse desmotivado cuando no puede ver el efecto o significado que tiene su trabajo; un adulto mayor puede sentirse desvalorizado cuando ya no es parte de las decisiones de la familia. Es decir, el propósito nos lo da el deseo de contribuir a algo más grande que nosotros; es el propósito de sentirnos útiles y valiosos en aras de forjar un futuro mejor.

3) *Trascendencia.* La vida trascendental tiene que ver con algo que los psicólogos positivos llamamos "admiración profunda" o con el fenómeno de "detenerse a oler las rosas". De acuerdo con este pilar, la vida con sentido es la capacidad que tiene el ser humano de conectarse con una dimensión

superior; por ejemplo: la naturaleza, los estados elevados de la consciencia (la meditación o el yoga) o la contemplación del arte. Además, trascender en este sentido guarda relación con el concepto que aprendimos en capítulos anteriores: la fluidez o el estado de flujo, en el cual, al estar atento, comprometido y totalmente absorto en una actividad, puedo escapar de la noción de realidad y tiempo, con tal de optimizar mi experiencia. A un pintor, la trascendencia se la da ese lienzo y lo que plasma en él; a un estudiante avezado podría dárselo esa sensación de conectar con un universo que está más allá de su comprensión o al ensimismarnos con una novela, una pintura, un espectáculo de danza, un concierto que nos hace vibrar o cualquier otra de las bellas artes.

4) *Contar historias.* La mejor versión de uno mismo se construye con la mejor historia que seamos capaces de contarnos. Y claro, esto puede ser una gran manera de hallar el significado de nuestra vida. ¿Cómo cuentas tu historia? ¿De qué está compuesta: de malos o buenos momentos? ¿Qué has aprendido de la experiencia vivida y qué errores sigues cometiendo? ¿Qué te ha hecho fuerte y de qué no te has podido reponer? O bien: ¿te gusta tu historia de vida? ¿Por qué sí o por qué no? Lo interesante de este pilar es darnos cuenta de que, al igual que con una cinta cinematográfica, podemos editar, ampliar y acortar nuestra historia tanto como deseemos. Sin caer en ensoñaciones, fantasías o distorsiones de la realidad, lo cierto es que cada uno puede contar su historia de una forma que le reporte valor y significado o que lo colme de malestar y vacío (el "sinsentido"). Como expresa la terapia narrativa: "Cada uno construye la realidad que luego decide sufrir", aunque también la contraparte es igualmente cierta: cada uno construye la realidad que luego decide darle sentido.

El sentido en la vida diaria

Como mencioné al principio de este capítulo, no es sencillo trabajar con este componente, sobre todo cuando hay una multiplicidad de factores que lo entorpecen o alejan de nuestra vida. Por ejemplo, cultivar una vida con sentido para los adolescentes es cada vez más difícil: ¿cómo hacerlo si los medios y las redes sociales enseñan a "vivir el momento" y de forma apresurada? Es decir, ¿para qué hacerlo si no puedo obtenerlo ahora mismo? ¿Qué valor reporta la trascendencia si no se puede medir por *followers* o *likes* visibles en mis perfiles? ¿Para qué invertir en algo de lo que no se pueden observar beneficios palpables o tangibles?

Parte del problema de este y los demás componentes que dan sustento a buena parte de esta obra es que llevamos 20 años estudiando por medio de perspectivas científicas el bienestar, pero también es casi el mismo tiempo que se ha explotado comercialmente y de la mano de la felicidad. Parece haber poco que hacer cuando un comercial nos vende la felicidad en formas visibles e inmediatas. Y, claro, no es que eso esté mal, pero en muchas ocasiones estos deseos y objetivos personales no se acompañan de aspectos que pudiesen otorgarles sentido y propósito, como aquí hemos expuesto. Pregúntate: ¿la casa que anhelas se acompaña de alguna de las fuentes o pilares de significado que tratamos más arriba (pertenencia, propósito, narrativa o trascendencia)? ¿Llegar a un millón de *followers* en Instagram se traduce realmente en pertenencia? ¿Dedicar tu vida a explotar comercialmente tu felicidad por medio de placeres, compras lujosas y acumulación de bienes, se alinea con el arte de cultivar una vida con sentido?

Para comprender mejor esta complicada relación entre "la búsqueda de la felicidad" y "la búsqueda del sentido", debemos recurrir a la historia. A comienzos del siglo XXI y de la mano de las investigaciones científicas, también hicieron su aparición en mucha mayor medida los *coaches*, motivadores, celebridades, marcas y libros que trataban el tema de la felicidad y lo vendían a diestra y siniestra. Según la revista *Psychology Today* (Flora, 2009), por ejemplo, la cantidad de libros publicados sobre el tema frisaba 50 en el año 2000, pero ocho años después el número aumentó a 4 000. Por supuesto, no es que todas estas propuestas carezcan de valor, pero sí demuestra el hecho de que a las personas les interesa en demasía la felicidad y que la persiguen por muchos medios distintos y en razón de su valor *per se*.

No obstante, en esos años la felicidad pasó de ser valorada a estar sobrevalorada y, en consecuencia, deformamos el concepto, sus beneficios y los mecanismos para alcanzarla (recordemos que en la presente obra hemos pasado de decir "buscar" o "alcanzar", a "crear" o "construir", puesto que resultan términos mucho más apropiados). Una muestra es la falacia que se ve reflejada en el libro *bestseller* de Rhonda Byrne, *El secreto*, en donde escribe: "El atajo hacia cualquier cosa que desees en la vida es SER y SENTIRTE feliz ahora".

Dado que los psicólogos trabajamos con la ciencia y sus objetivos (describir, explicar, comparar, cambiar y predecir), la gran industria que se creó en torno a la felicidad suele diferir de los hallazgos científicos. Pese a la controversia que genera el hecho, la psicología social ha descubierto que la triste ironía de la vida es que perseguir la felicidad hace desgraciadas a las personas. Como ejemplo basta recordar el ejercicio de reflexión que hicimos al comienzo de este libro: si pudieras vivir en un tanque que te concediera cualquier experiencia que desearas, conectado a esta máquina que te produce felicidad de por vida y las mejores experiencias a cada instante y durante todos los momentos de tu existencia, ¿permanecerías ahí? Contra lo que dictaría el sentido común, la mayoría suele rechazar este tipo de vida al considerarla fútil y vacía, pues carece de identidad, metas y algo que otorgue valía personal. Robert Nozick, el filósofo que propuso este tipo de reflexiones, dice que la razón por la que odiaríamos vivir en un tanque de la felicidad es porque sencillamente no nos la hemos ganado; no hay una razón para ser feliz y es ahí donde tiene cabida el sentido de vida.

Cultivar el propósito a través de "un fin vital", la armonía y la consecución de logros

Una manera de cultivar el propósito en la rutina diaria tiene que ver con la capacidad de otorgarle sentido a la vida en perspectiva hacia el pasado, relacionarlo con nuestra situación presente y la prospectiva que hacemos de nuestro futuro. Para hacerlo, podemos pensar y reorientar las acepciones que normalmente los psicólogos asociamos con el significado de "darle sentido a algo". Las acepciones son: *significado, resolución* y *armonía*. Revisemos cada una de ellas y lo que puedes hacer para cultivar tu propósito

Significado

Se refiere a hallar el fin, importancia o conexión causal entre eventos que aparentemente no guardan relación. Muchas personas logran lo anterior por medio del cultivo de la fe y la gama de beneficios que brinda el cobijo espiritual. Esa es una forma, pero no la única. El "fin vital" de los padres no es pasar grandes y felices momentos con los hijos, sino ser educadores de vida; el fin o propósito de un trabajo no es cumplir un horario o la realización de las actividades diarias, sino contribuir a la mejora de la sociedad por medio de lo que aporto y considero valioso; el fin de dedicarme a una de las bellas artes (literatura, danza, música) no es lograr obras de alta calidad que se puedan comercializar, sino preservar la historia de la humanidad por alguno de estos medios; el fin de cuidar y atender mi salud mental no es solamente superar mi crisis o tragedia actual, sino construir recursos psicológicos duraderos que posibiliten mi crecimiento personal tanto en épocas florecientes como en las de adversidad.

Entendamos que la importancia a nuestras acciones se la damos nosotros, no viene del exterior ni de las personas que nos rodean. Además, puede abarcar cualquier aspecto de nuestra vida y no se relaciona con el valor social o comercial (o por lo menos no deberá ser nuestro punto de partida). He tratado con pacientes que solo creen que algo es importante o valioso si la sociedad así se los hace saber (por ejemplo un gobernador es una persona importante, pero yo no, pues solo soy un auxiliar administrativo que además suele pasar inadvertido). Otros demeritan su propósito o valía al compararse con las grandes celebridades o atletas famosos o consideran que la finalidad de su vida es fútil, vacía y sin significado debido a estas mismas comparaciones desproporcionadas (lo que conduce a lo que solemos diagnosticar como ansiedad ontológica o "crisis existencial").

Este componente se refiere a nuestra habilidad de poder contestarnos satisfactoriamente la pregunta "¿para qué hago lo que hago?", pero no tanto en un sentido de trascendencia, sino de mi personalidad y el valor que imprimo a cada una de mis acciones, por eso debemos rastrear en nuestro pasado para entender nuestro presente y caminar confiados hacia el futuro; no por medio de la deformación de nuestra historia o situación presente, sino al hallar la conexión entre cada aspecto que nos caracteriza y nos permite ser quienes somos con esa importancia que nos merecemos. El propósito o "fin vital" no tiene que ver con nuestro rol en la sociedad (ser una *pop-star* o licenciado), ni con cuantos *likes* obtuviste de una u otra imagen publicada en tus redes, y mucho menos con cuánto ganas (¿cuánto vale mi trabajo?), porque la valía de lo que eres y haces la otorgas tú mismo si estás dispuesto a trabajar y creer en ello.

Resolución

Al igual que pasa con el ejercicio de vivir en un tanque, la resolución implica "afán", motivación, ganas, deseos y metas. Es aceptar el desafío que se nos presenta haciendo lo necesario. Implica enfrentar en vez de evitar. Accionar o actuar en vez de esperar. Es construirnos una buena vida en vez de esperar que alguien o algo nos la provea (ganándose la lotería o esperando la herencia familiar, por ejemplo). La resolución implica la intención, la acción y la consecución de metas (ya sea de forma separada o integrada). Intención es deseo, lo que a su vez lleva a la acción y se traduce en una meta visible en el horizonte. Todos sabemos que no hay nada más frustrante que desear sin accionar ("quisiera"), pero también resultará tortuoso accionar sin metas con propósito (hacer las cosas solo por hacerlas). Al final, todo se traduce en la "actividad intencional sostenida" (véase el primer capítulo) sin depender tanto del resultado. Es funcionamiento psicológico óptimo que guarda estrecha relación con el concepto de salud mental.

Una manera bastante pragmática de lograr lo anterior es trabajar con la "personalidad autotélica" que, como nos explica Csikszentmihalyi (1990), es aquella personalidad que puede ver las amenazas como desafíos u oportunidades; además se siente involucrada (como vimos en el capítulo 3 sobre compromiso y *engagement*) con lo que sucede a su alrededor, produce fluidez (*flow* o flujo) con muchas actividades y desarrolla metas autónomas (que dependen de la persona más que de otros). En este sentido, para la personalidad autotélica las metas no vienen de las convenciones sociales (creer que tener un sueldo elevado es sinónimo de importancia o estatus) o de necesidades básicas (desear tener el mejor cuerpo para que muchos me admiren), sino de un origen interno totalmente relacionado con la personalidad, con quienes somos y las cosas importantes a las que asignamos algún valor trascendental (promover el altruismo, por ejemplo). De igual manera, esta personalidad sabe transformar el caos en retos posibles de alcanzar, aprende a elegir compromisos para toda la vida que la nutren y la hacen sentir plenitud, es disciplinada, invierte en las habilidades necesarias para la consecución de sus metas (sé que para ser un gran músico, tendré que invertir mis recursos físicos y sociales al tiempo que habré de practicar con fervor, entusiasmo y dedicación incluso en los momentos difíciles), presta atención a sus resultados conforme estos se presentan (reconocimiento de logros y avances), se adueña de sus decisiones (no se deja persuadir por la presión social), desarrolla confianza, coherencia y un pensamiento flexible, además de que no deja de aprender a disfrutar con el cúmulo de experiencias inmediatas. No está de más decir que en psicología también llamamos a esto "integridad" o "personalidad íntegra".

Por último, podríamos pensar que la personalidad autotélica es exclusiva de los superhéroes y que contar con todas estas habilidades es una cosa titánica y ajena a nuestra realidad, pero nada más alejado de la realidad. Basta con conocernos a nosotros mismos, reconocer lo que nos sale bien e invertir nuestros esfuerzos en aquello que nos resulta significativo. Deseo, acción y metas internas. No parece tan difícil, ¿o sí?

Armonía

No podemos estar eternamente felices, satisfechos o entusiasmados. El exceso de optimismo conlleva a conductas de riesgo con mayor probabilidad (Salanova y Llorens, 2016), al mismo tiempo que dedicar nuestra vida al trabajo probablemente nos volverá exitosos profesionalmente, aunque a costa de nuestra salud o de la vida en pareja. De hecho, los sucesos y afectos negativos son necesarios pues, entre otros aspectos, nos ayudan a reconocer problemáticas individuales y oportunidades de cambio que se conviertan en logros y crecimiento (Kitayama y Markus, 2000). La armonía está mayormente dirigida a restaurar el balance y equilibrio de los aspectos personales (competencia, salud mental, felicidad) en las interacciones con otros, los grupos, el medio ambiente y las instituciones (por citar algunos). Es definida casi siempre como una virtud cardinal que permite hallar congruencia, coherencia y sentido con nuestros afectos, acciones, relaciones, opiniones, intereses, logros y otros aspectos que conforman nuestra vida. Por supuesto, se relaciona integralmente con la noción de bienestar a través del principio de complementariedad, que alude al hecho de que el florecimiento dependerá del complejo balance entre los aspectos "luminosos y oscuros" de la vida (Lomas, 2016).

Siendo así y como podemos inferir, la armonía busca restaurar el orden y el equilibrio de las cosas por diferentes medios o niveles, sea en condiciones de relativa tranquilidad, bienestar, salud, florecimiento, funcionamiento óptimo o en las situaciones adversas y dificultades que encontramos en la vida diaria (crisis, malestar, sufrimiento). Para ello, estas estrategias de "aceptación del cambio" y "aceptar lo que no podemos cambiar", parecen ser las directrices más prometedoras y efectivas de acuerdo con la investigación científica (Duncan y Miller, 2000; Pérez-Sales, 2009; Fava *et al.*, 2017). Como señalan Delle-Fave y Fava (2011), el gran aumento en facilidades para la obtención de bienes materiales, atención a la salud, tratamientos psicofarmacológicos y libertad en la conducta, han creado en la sociedad el sentimiento de que se puede lograr y obtener todo lo que deseamos; sin embargo esto no es así, y es un reflejo de la salud mental aceptar que ciertas condiciones de vida, ambiente, salud y de la misma sociedad no pueden modificarse ni es nuestro deber intentar modificarlas. Epicteto lo mencionaba hace dos milenios y enfatizaba el hecho de que el camino a la felicidad incluye dejar de preocuparse por las cosas que no se pueden cambiar. Así, los procesos psicoterapéuticos pueden resultar más efectivos (sobre todo cuando se utiliza el enfoque de la psicoterapia positiva) cuando abordamos el tema del balance y la armonía en las oportunidades y limitaciones de la vida diaria. Recordemos que una de las premisas fundamentales en el budismo es que el sufrimiento se deriva de no saber cultivar el balance mental (Tsong-kha-pa, 2000); de acuerdo con este concepto, la ansiedad, frustración o depresión son solo síntomas de una mente desbalanceada, mientras que una persona que trabaja en cultivar el balance mental estará libre de dolores físicos, situaciones estresantes y contará con los recursos para enfrentar la adversidad.

Estrategias para cultivar el propósito en la vida

Como revisamos en páginas anteriores, "el arte de otorgar sentido a la vida" depende de cada uno de nosotros, de nuestra personalidad y de las metas que diseñamos para sentirnos valiosos, útiles e importantes en consonancia con nuestra historia de vida. Las presentes técnicas o actividades, están tomadas de autores y colegas que, como yo, trabajan diariamente para tu bienestar y tu salud mental, pero a partir de eventos trágicos o desafortunados. En otras palabras, las dos estrategias que aparecen a continuación, La huella vital y El libro de la vida, se derivan del trabajo que hacemos con pacientes que han sido víctimas de secuestros, vejaciones, duelos no resueltos, divorcios, violaciones, violencia (entre otros), que ocasionan graves daños a nuestra salud mental y que muchas veces dejan secuelas que conducen al sufrimiento y el malestar durante mucho más tiempo del que quisiéramos. Por supuesto, esto no significa que las presentes actividades sean exclusivas para las personas que han pasado por sucesos así; en realidad es una forma de decir que realmente funcionan aun en las situaciones más adversas que nos presenta la vida.

La huella vital

Empecemos por buscar un lugar cómodo y sin distractores para el desarrollo de la actividad (habrá que reflexionar antes de actuar). Lee sobre lo que necesitas, así como la información completa que aparece en el resto de estas páginas (debes contar con los materiales propuestos antes de ponerte a trabajar; asimismo, puedes planear cómo habrás de realizar la actividad y poner manos a la obra después).

Materiales. Un pliego de cartulina blanca o de color, plumas, plumones o marcadores, ilustraciones o imágenes impresas (por ejemplo, recortes de revistas), cenefas, viñetas decorativas, colores, acuarelas, pinceles, hojas de fomi, pinturas acrílicas, etiquetas, diamantina, material decorativo en general, regla y compás (los materiales propuestos fungen como recomendación general: no es necesario contar con todos ellos ni limitarse a usar únicamente los aquí mencionados).

Premisa fundamental. Esta estrategia parte de la idea de que las personas estamos formadas por restos de todas las experiencias que hemos vivido, tanto positivas como negativas (Neimeyer, 2000).

Objetivo. Encontrar la "huella" que han ido dejando estas experiencias y personas que hemos ido encontrando a lo largo de nuestra vida y que han sido importantes para nosotros. Así, la finalidad es que seas capaz de extraer aprendizajes útiles para tu vida.

A continuación, reflexiona y atrévete a encontrar aspectos positivos de todos los acontecimientos adversos o estresantes que hayas vivido. Por ejemplo, buscar aprendizajes en lo ocurrido, hallar beneficios derivados de ahí, analizar si ha habido un cambio de valores, una mejora en las relaciones interpersonales. También analiza si aparecen emociones positivas mientras piensas sobre el acontecimiento (interés, tranquilidad, esperanza, orgullo, optimismo, gratitud, amor).

Reflexiona sobre todos estos temas de manera extensa y profunda. Relaciona el pasado con el presente que actualmente te define para bien o para mal; redescubre la importancia y valor de lo acontecido y como hemos explicado. Tómate el tiempo que necesites y no olvides que de lo que se trata es de encontrar todas estas huellas vitales que nos han dejado marcados de manera positiva y negativa. Por último, habrás de aterrizar "los planes de futuro". Se trata de elaborar tu visión de aquello que quieres llegar a ser en el futuro. Anímate desde hoy para que trabajes en convertirte en la clase de persona que quieres ser en el futuro. Una vez que concluyas tu proceso de introspección, análisis y planeación, realiza el dibujo solicitado de acuerdo con las siguientes puntualizaciones y recomendaciones.

Instrucciones para elaborar el dibujo. Con base en los diferentes materiales propuestos, desarrolla el dibujo de "tus huellas vitales"; es decir, dibuja una huella digital en grande (del tamaño que tú quieras) y escribe dentro y alrededor todas las reflexiones que hayas hecho sobre el ejercicio (palabras clave o enunciados completos). Así, tu dibujo incluirá tanto una huella digital a colores, como las reflexiones realizadas. Escribe los nombres o dibuja a las personas que han marcado tu vida y la han dotado de propósito (favorable o desfavorable). Escribe o dibuja dentro de tu huella digital esos momentos de vida que te permitieron sobreponerte a la adversidad. Redacta algo sobre tus aprendizajes adquiridos, sobre la importancia de haber vivido eso y la utilidad que podría tener en tu vida futura. Otórgale sentido al sufrimiento acontecido, al drama y la tragedia (al final es algo de lo que no te puedes desprender puesto que forma parte de tu historia). Y mientras plasmas todo eso, colorea y decora tu huella libremente, sin omitir nada que consideres importante.

Recomendaciones:

a) No te sientas forzado a encontrar aprendizajes de vida donde estimes que no los hubo. Trabaja con los recuerdos y experiencias de vida (las huellas vitales) que consideres significativos o pudiesen serlo.
b) Utiliza diferentes contextos de vida: familia, amigos, trabajo, escuela, para maximizar las oportunidades de hallar diferentes huellas vitales.
c) Utiliza diferentes épocas de vida: puedes ir tan atrás como desees en el recuento de tus experiencias y hasta tu situación presente y de cara al futuro.
d) Desarrolla tu dibujo a lo largo de toda la semana: reflexiona sobre tus huellas vitales a lo largo de la semana y así ve colocándolas en tu dibujo. No se sugiere que lo hagas en un solo día.
e) Decora tu dibujo de manera que esté personalizado. Ponle detalles propios y deja fluir tu creatividad e imaginación.
f) Si te gustó el resultado, coloca tu pliego de cartulina (o similar) en un lugar visible y al que puedas regresar cada vez que lo necesites. No olvides que es tu huella dactilar única y no existe ni existirá ninguna parecida, pues es totalmente propia.

¡Adelante y que la disfrutes!

El libro de la vida

El Libro de la vida ha sido usado en la psicoterapia positiva para que la persona pueda recuperar sus recuerdos, pensamientos, sentimientos y emociones, que muchas veces generan confusión, dolor o sufrimiento constantes. Una vez recuperados, puede empezar el proceso de aceptación de estos, en aras de hallar sentido y significado a la pérdida o acontecimiento adverso. Al hacer lo anterior, la persona podrá "ordenar" y guardar esos pensamientos, sentimientos y emociones puesto que llegará a reconocerlos como parte importante de su vida y, en consecuencia, ya no producirán el mismo dolor o sufrimiento ¿Suena bien, correcto?

Tomemos en cuenta que cuando la persona se permite traer a su mente todo aquello que le produce malestar, se da la oportunidad de corregir mucha de esa información que estaba mal almacenada en su memoria; es decir, se da la oportunidad de reelaborar significados alternos a los que tiene. Así, es un componente fundamental para el trabajo de elaboración y asimilación del acontecimiento estresante y el aprendizaje a partir de él.

Objetivo. El propósito es ayudar a la persona a recordar y elaborar los acontecimientos significativos que le han sucedido en relación con el suceso que produce malestar. Está basado en las sugerencias de Neimeyer (2000) para el tratamiento del duelo.

Materiales. Cuaderno o libreta individual que fungirá como el libro de la vida, plumas, plumones o marcadores, ilustraciones o imágenes impresas (por ejemplo, recortes de revistas), cenefas, viñetas decorativas, colores, acuarelas, pinceles, hojas de fomi, pinturas acrílicas, *stickers* (los materiales propuestos es solo una recomendación, puedes usar lo que decidas).

Instrucciones para la realización del libro. Para escribir y decorar este libro se pueden utilizar no solo palabras, sino también distintos símbolos (fotografías, dibujos, frases). Se trata de reflejar la situación traumática o adversa, la persona fallecida, la relación rota, la crisis de ansiedad o el periodo de máxima tristeza. De igual forma, te valdrás de todos los materiales que desees utilizar y que llenen de color y significado tu obra de arte. Considera que no es un diario, un anuario o un álbum de recuerdos; es un libro gráfico-pictórico-literario de todo lo que eres y otorga sentido a tu realidad con base en los sucesos adversos que te han ocurrido hasta hoy. Así, debes reflejar las pérdidas sufridas, los descalabros amorosos, lo que más te dolió y ahora te permitiría crecer como ser humano en cada uno de los ámbitos de vida que desees trabajar (familiar, social, emocional, laboral, escolar, conyugal). Es una manera de encauzar aquello que tanto te dolió de forma que se traduzca en aceptación, reevaluación, capacidad de perdonar, esperanza y, claro, sentido de vida. Es un libro decorado que contendrá tu dolor, pero visto desde otro ángulo y perspectiva. Así, incluye toda clase de sucesos que te caracterizan al tiempo que reordenan tu conciencia, le dan salida por vías mucho más adecuadas y eventualmente se traducen en bienestar sostenido y duradero. Recomendaciones:

a) Esfuérzate para trabajar con las situaciones adversas, pérdidas, rupturas y con todo aquello que esté almacenado en tus recuerdos que produzca displacer, dolor o sufrimiento. Al principio te costará trabajo, pero al igual que con muchas estrategias revisadas, se irá haciendo cada vez más fácil.

b) Al igual que en la actividad anterior, utiliza diferentes contextos de vida: familia, amigos, trabajo, escuela. Esto te permitirá hallar propósito de una manera mucho más completa e integral.

c) Trabaja en tu libro de la vida a lo largo de toda la semana. Reflexiona sobre todo lo que irás colocando en él, qué materiales utilizarás y cómo representarás estos recuerdos: ¿será a través de dibujos, frases célebres, historias, páginas decoradas, fotografías, origami? ¿O escribirás simplemente sobre el suceso de forma libre y honesta? Así, no se sugiere que lo hagas en un solo día, puesto que requiere planeación, reflexión y avanzar según tu ritmo.

d) Decora tu libro de la vida tanto como puedas y de manera que esté personalizado. Ponle detalles propios y deja fluir tu creatividad e imaginación.

e) Si te gustó el resultado, guarda tu libro de la vida en un lugar al que puedas regresar cada vez que lo necesites. No olvides que es tu historia de vida, el medio por el que puedes canalizar tu dolor en relación con el pasado, pero que ahora te brinda significado, identidad, redención y, si así lo decides, la capacidad de florecer.

7. Estrategias para cultivar una vida de logros

> *Las metas son el manantial de una vida positiva.*
> Robert A. Emmons

Cómo mantener nuestras metas vigentes

El último componente del modelo PERMA orientado a tu bienestar hace alusión a los logros, ya sea por la habilidad con que contamos para plantearnos metas sanas, congruentes y con significado, o porque sabemos reconocer los logros alcanzados con la frecuencia y justicia necesarios.

La investigación experimental ha mostrado que los sujetos que se plantean metas congruentes con sus valores e intereses se acercan mucho más al bienestar, la autodeterminación y alcanzan con mayor probabilidad las metas planteadas (Vázquez *et al.*, 2006). Incluso en un contexto más universal, distintas filosofías tanto orientales como occidentales proponen que el desarrollo de metas que equilibran el desafío con la realidad, promueven en las personas una mejor salud mental y una personalidad mucho más madura.

Para explicar este último pilar del bienestar, Seligman hace referencia a Robert White, quien hace más de 50 años propuso que las personas y algunos animales necesitamos sentir que podemos controlar nuestro medio ambiente. A esto le llamó competencia: queremos lograr algo para sentirnos competentes.

Establecernos metas, desarrollar nuestro autocontrol y disciplina y perseguir el éxito en nuestros propios términos nos ayuda a mantenernos en crecimiento continuo y a desarrollar nuestro potencial. La confianza en uno mismo se incrementa con nuestro sentido de competencia, por eso mientras más preparados nos sintamos, más seguros y satisfechos nos hallaremos con nuestros proyectos. Además, y en honor a la verdad, siempre estamos en una constante búsqueda de logros, sin importar en qué área de nuestra vida los apliquemos, ya sea en el juego, el trabajo, actividades recreativas, éxito financiero, productividad y un largo etcétera. ¿No te convences? ¿Y si además te digo que aquellas personas que logran lo que se proponen se sienten orgullosas y motivadas para continuar cumpliendo metas? ¿O que son personas que viven inspiradas y felices, además de que contagian esas emociones positivas a las personas de las que se rodean? Porque eso y mucho más es lo que ha encontrado la ciencia del bienestar al respecto.

Una de las psicólogas sociales más importantes en el estudio de la felicidad, Sonya Lyubomirsky, explica las diferentes ventajas de mantener nuestras metas vigentes para no claudicar u olvidarlas como a todos nos ha pasado en algún momento. Revisemos algunas de estas, de forma que se traduzcan en nuestras primeras actividades de potenciación de una vida de logros.

Metas conducentes a la felicidad

Hay que creer en el derecho de ser felices y trabajar por ello. Por extraño que parezca, miles de personas no se creen merecedoras de una vida feliz, plena y floreciente. La consecuencia: diseño de metas vacías o que solo tienden a la supervivencia.

La mayoría de los investigadores, científicos y psicólogos de estos temas creemos que la vida es algo más que una lucha o la adaptación del más fuerte. No creemos estar en una guerra constante, rodeados de enemigos y catástrofes que no hacen más que empeorar. Aun en las condiciones más adversas, podemos florecer, crecer como seres humanos y dotar de significado nuestro paso por el mundo. En cambio, hundirnos en la tristeza, despotricar de todo cuanto acontece, desconfiar de todos y asumir que estamos marcados por un destino infausto, claro que influirá en el tipo de metas que nos planteamos. Así, no será lo mismo trabajar para "llegar a la quincena" y "ver para qué me alcanza", que decir "mi meta es trabajar lo mejor posible para posteriormente poder disfrutar el sueldo que percibo". Y no se trata de seguir "mantras" sacados de la "psicología de farmacia" (término que hace alusión al tipo de psicología que raya en la pseudociencia, la charlatanería y las fórmulas mágicas), sino del argumento que dota de certeza nuestro ser, nuestra conciencia y la relación con el entorno que nos rodea. Piénsalo así: cada vez que culpas al destino o a algún Dios maligno de tu suerte o a las desgracias que marcan constantemente tu vida, tendrás que trabajar el doble o el triple para aprender a vivir en bienestar. En síntesis, te lo haces más difícil.

Aunque no nos agrada del todo encasillar o clasificar a las personas, en psicología recurrimos a dos conceptos que te permitirán identificar qué tipo de objetivos planteas para tu vida en relación con los procesos del pensamiento: *locus de control externo* y *locus de control interno*. El primero se refiere a cómo evaluamos nuestras acciones y resultados como fruto del azar, la suerte, el destino o algún designio divino. Dicho de otro modo, es el pensamiento orientado a la pobre o nula responsabilidad personal, pues se asume que una fuerza externa es la responsable. Siguiendo esta explicación, son las personas que culpan a Dios por lo acontecido, que creen tener una maldición encima (puesto que a nadie le pasan tantas cosas malas), que la buena o la mala suerte existen, que "fue la cruz que les tocó cargar" o que simplemente se dan por vencidos porque como ellos no controlan la situación, no hay nada que hacer (Dios proveerá). Seligman también llamó a esto "desamparo o desesperanza aprendida", que documentó en una serie de experimentos confiables que hasta la fecha siguen siendo un gran referente de lo que ocurre a nivel del pensamiento de personas así. ¿Ya notaste el problema? Las personas que se rigen con un locus de control externo parten y diseñan sus metas a partir de la desvalorización, la desesperanza, el sufrimiento perpetuo u otras tantas asunciones (conclusiones) que no les permiten saber que también ellos podrían "crear" su felicidad; como lo que sucede a su alrededor no depende de su accionar, entonces el bienestar y las alegrías de la vida también son una cosa que ocurre al azar y que pueden o no llegar.

En cambio, el locus de control interno guarda relación con lo que hemos revisado en el capítulo anterior sobre la personalidad autotélica que, como podemos inferir, caracteriza el tipo de pensamiento consonante con nuestras acciones y el resultado de estas. Contar con un locus de control interno nos permite saber que nuestras decisiones están regidas por nuestro comportamiento, y viceversa; que sí, hay cosas que ocurren al azar (como ganar un premio ocasionalmente o encontrarse dinero en la calle), pero que la mayoría son causadas por mi actuar y, por ende, soy el único responsable. La gente que profesa este tipo de pensamiento está convencida de que puede controlar su propio destino. Cree que mediante el trabajo duro, la destreza y la capacitación obtendrá cosas mejores para su vida (Kimble *et al.*, 2002). Por último, el locus de control interno es el que te permitirá creer que tus metas pueden estar orientadas a la felicidad en razón de que tú habrás de trabajar para eso. Como versa un viejo adagio: el pesimista se queja del viento, el optimista espera que cambie y el realista ajusta las velas.

Objetivos significativos

Como se abordó en el capítulo anterior, la vida con sentido nos permite dar pasos con mayor seguridad y confianza en los resultados. Comprender que nuestra vida cuenta con un propósito, dirección y auténtica valía nos permite diseñar metas valiosas, duraderas y sostenibles. No estamos "de paso" por este mundo, y aunque a veces las dimensiones del universo o la fragilidad de la vida nos hagan pensar que no somos más que una mota de polvo, el significado que otorgues a tu vida marcará también la diferencia en el tipo de metas que escojas para tu futuro. Asimismo, los objetivos significativos fortalecen nuestra autoestima, se traducen en confianza personal, autoeficacia (creer que podemos con el reto presente) y nos mantienen entusiastas a un nivel emocional. Lyubomirsky (2008) explica, además, que este tipo de metas refuerza la idea y la sensación asociadas a nuestra felicidad, puesto que nos motiva para seguir adelante.

Lo anterior también tiene que ver con la capacidad que tenemos de involucrarnos en metas auténticas (o autoconcordantes) y no en metas falsas o "heredadas". Pregúntate: ¿las metas que te has planteado son realmente tuyas o fueron trazadas por tu familia, pareja, sociedad u otros? Y si son metas propias, ¿cómo sabes que son tuyas? Esto explica porqué, cuando vas con el psicólogo, no te ofrecemos "recetas de cocina" u objetivos impuestos de ningún tipo (y si te tocó alguno que lo hizo, me disculpo por él puesto que no es un trabajo clínico adecuado). Imagínate que fueras por la vida aceptando las imposiciones, deseos y propósitos de otros. ¿Qué pasaría, cómo te sentirías? Dependiendo de diferentes factores y contextos, aquello podría llamarse "dependencia" (contrario a lo que te han hecho creer los libros de superación personal, el término "codependencia" no existe), sobreprotección (como pasa con muchos niños), frustración, conflicto de intereses, alienación y apego, entre otros.

Es decir, perseguir metas no auténticas afecta nuestra autonomía (tema que revisaremos más adelante) y nuestra sensación de control.

He tratado con un buen número de pacientes que desde muy jóvenes siguen los caprichos y deseos de sus padres: ser "buenas amas de casa", estudiar leyes porque todos en la familia lo han hecho, seguir con el negocio familiar, tener hijos solo porque la pareja lo anhelaba, vestir cómo dicta el código familiar o social, creer en una religión porque nos fue impuesta, condenar nuestros afectos porque "eso no va", trabajar solo en donde se gana dinero y muchos casos más. De nuevo: no es que esté mal profesar el catolicismo o estudiar la misma licenciatura que nuestros padres, pero uno sabe mejor que nadie cuando lo hace por convicción y deseo propio, y cuando es la meta final de alguien o algunos más. Así, seguir solamente los deseos de un tercero detona un malestar general que bien podría extenderse años y años (y tristemente todos conocemos a alguien que cayó en esta trampa).

En cambio, si te animas a perseguir objetivos significativos y auténticos, la investigación reporta que serás una persona más sana, trabajarás mejor (en relación con estas metas), cubrirás mejor tus necesidades psicológicas y te beneficiarás en tu vida emocional. Por supuesto que lo anterior requiere autoconocimiento y saber qué esperas de la vida, por lo que tendrás que responderte antes "quién eres" y "por qué estás aquí". Pero no te preocupes, porque a estas alturas me imagino que este libro ya te ha ayudado bastante con esas interrogantes.

Sonya Lyubomirsky te sugiere algo más en relación con el diseño de tus metas auténticas que bien podría sintetizar mucho de lo dicho. Pregúntate: al trabajar por esa meta, ¿sientes que eres más la persona que quieres ser, o que lo eres menos?

Estructura y sentido

El tercer beneficio de trabajar en nuestras metas de forma consciente es que estas brindan estructura y orden a nuestra vida; organizan nuestra rutina, hábitos y comportamientos positivos. Piensa que, al cultivar metas constantes, tienes una gran oportunidad de volverte una persona más madura, responsable, perseverante y con confianza en sí misma. Al mismo tiempo, te permite practicar tanto las habilidades con las que cuentas, como adquirir otras nuevas.

Sé lo que estás pensando y sí, tienes razón: esto te ayudaría enormemente con tus hijos y el asunto con los límites, disciplina y control de sus impulsos. Puedes cultivar en ellos buenos hábitos que perduren en el tiempo y te permitan cumplir tu rol de "educadores de vida" (lo que explicábamos en párrafos anteriores), pero recuerda: deben ser sus metas, no las tuyas.

Sin orden ni estructura, divagamos; nos perdemos en una multiplicidad de estímulos que no nos dejan ser ni hacer. Probablemente esto explica porqué tantos adolescentes son tan inconstantes con sus deseos y cambian con frecuencia sus metas vitales. El cambio es bueno, claro, pero requiere orden y sentido.

Cuando atiendo pacientes con este tipo de dificultades, suelo recomendarles que, al levantarse por la mañana, piensen en cuáles son sus metas del día y que se encadenan con sus metas semanales y mensuales, y estas con las metas a largo plazo. Esta actividad tan sencilla les permite crear orden, al tiempo que tienen presentes las metas que los definen. Y, claro, con la repetición podemos convertir esto en un maravilloso hábito.

Administración del tiempo

En sintonía con la ventaja anterior, la vida con metas nos aleja de la procrastinación, el tedio y la apatía, como se expuso en capítulos anteriores. Además, si esta administración es eficiente, permite jerarquizar y otorgar prioridades a los aspectos de nuestra vida.Yo soy un gran amante de los viajes (en términos psicológicos esto se conoce como *dromomanía*) y en mis metas anuales siempre está la de viajar (sean viajes nacionales o al extranjero), pero sé que para que eso sea posible, necesito administrarme no solo financieramente (bienestar financiero), sino en lo tocante a tiempos, planes, agenda y organización en general, de tal forma que no descuide otros aspectos de mi vida. Dicho de otro modo: no basta con tener la meta clara y determinada, pues será necesario dedicarle un tiempo oportuno, dosificar las actividades, prever el resultado y accionar con base en algún plan de trabajo (ahora ya sabes qué hacer para concluir esa tesis o proyecto que sigues dejando pendiente).

Afrontar mejor los problemas

Quién lo hubiera pensado, ¿verdad? Pero es cierto: la vida con metas nos ayuda a enfrentarnos mejor a las adversidades. Contra lo que nos dictaría el sentido común, resulta mejor perseverar en nuestros objetivos que dejarlos mientras "pasa lo malo". La pandemia mundial de covid-19, responsable de tantos decesos que podemos contar en millones, es un gran ejemplo de lo anterior. ¿Cuántos de nosotros no encaramos con optimismo (buena cara) esta situación adversa? ¿Cuántos no lo explotamos a favor de nuestro crecimiento (por ejemplo, capacitándonos en línea en distintos dominios) o de nuestra mejora en las relaciones interpersonales (en cantidad y calidad)? ¿Cuántos no aprendimos a gestionar mejor nuestro tiempo con miras en nuestros proyectos y fines vitales? ¿Cuántos no avanzamos en la construcción de nuevas habilidades, destrezas y talentos que de otra forma no hubiésemos intentado ni por asomo? Y sí, lo sé bien: esto no fue la constante si revisamos cómo aumentó la violencia en el hogar, el consumo de pornografía, las adicciones (a los videojuegos, drogas lícitas e ilícitas) o los trastornos psicológicos asociados al confinamiento, tales como la ansiedad generalizada, el síndrome de la cabaña, las fobias, la depresión, el trastorno de estrés postraumático (TEPT) y otros tantos; pero recuerda que al trabajar con este modelo del bienestar, también te estás preparando para las situaciones difíciles como esta que todavía hoy enfrentamos.

Entonces, evalúa los logros adquiridos durante los momentos más álgidos de la enfermedad, o los que mantienes en el presente y de cara al futuro. ¿Te hacen sentir seguro, confiado, activo o capaz de sobreponerte? Si es así, entonces has encontrado el beneficio de la vida con metas. Ahora bien, piensa si tu caso fue el opuesto: ¿dejaste a un lado tus metas de vida para concentrarte en el malestar y perjuicio que desencadenó esta crisis mundial? ¿Pensaste que solo podías dedicarte a sobrevivir o a resistir? ¿Sacrificaste tus sueños pensando que más adelante podrías regresar a ellos? ¡Ese es el riesgo de confiar demasiado en el sentido común! Nos pone trampas que nos hacen creer que eso es lo correcto y necesario para nuestro funcionamiento óptimo; pero dime: ¿no te sientes ahora más desorientado por haber pospuesto lo que en su momento era para ti importante? ¿Pensar solo en términos de supervivencia no complica aún más las cosas? La creencia popular nos haría pensar que metas florecientes no pueden ser válidas durante alguna catástrofe o situación trágica, pero la ciencia nos dirá que es cuando se vuelven fundamentales para nuestro bienestar, pues hablan de control, autoeficacia, autodeterminación, positividad y confianza en los resultados. Tratando de ser justos, es claro que no resulta tan fácil: si perdiste tu trabajo, a un ser muy querido o si ya la pasabas mal en casa antes de la pandemia de covid-19, es comprensible que quieras pasar tus metas a segundo plano (o último, según el caso), o pensar que ya no se pueden lograr porque la situación en cuestión te ha alejado tanto del camino que sería mejor olvidarlas o replantearlas desde el inicio. No obstante, te invito a que reflexiones sobre lo siguiente: ¿realmente es posible encontrarnos en situaciones ideales? ¿Cómo haces que tanto factores externos (ajenos a ti) como internos se alineen a la perfección para que avancemos confiados en la consecución de nuestras metas? ¿Crees que habrá periodos de inmensa calma, estabilidad y prosperidad, como para entonces sí, perseverar y caminar con rumbo fijo a las metas planteadas? Pienso que no, y la vida, sin importar nuestra edad, nos echa en cara este conocimiento.

Ejercicio 11: Técnica para el pensamiento catastrófico

Nuestros pensamientos juegan a nuestro favor o en nuestra contra, pero difícilmente se están quietos. El problema empeora cuando creemos que en nuestro provenir esos pensamientos son correctos. En otras palabras, ¿cuántas veces te dices: y si estoy equivocado? ¿Y si esta forma de pensar no coincide con la realidad? ¿Y si existiese otra explicación que no he considerado? No es común que lo pensemos, ¿cierto? Además, entre cientos de pensamientos que nos asaltan día a día, ¿a cuáles prestarles mayor atención porque así conviene a nuestra metas y cuáles hemos de desechar?

Una forma bastante confiable que se enseña en psicoterapia es la de aprender a lidiar con el pensamiento catastrófico, el cual básicamente se refiere a la creencia de que las cosas saldrán peor de lo que esperamos y que nada podremos hacer al respecto. El pensamiento catastrófico es tan común y dañino que no solo aparece sin previo aviso (los psicólogos lo llamamos *pensamiento automático*), sino que se vuelve un imperantivo de nuestra vida. Es doblemente perjudicial porque anula la capacidad de adueñarnos de la situación (autoeficacia), nos vuelve pesimistas crónicos y nos aleja de cualquier asomo o viso de seguridad que podíamos haber albergado en lo tocante a los desafíos diarios de vida (dañando en consecuencia la autoestima, el autoconcepto y la autoimagen). No obstante, podemos controlarlos y recuperar el orden en nuestra conciencia con el suficiente esfuerzo cognitivo (que quiere decir que no te saldrá siempre bien y debemos aceptarlo). Para ello, sigue estos pasos deliberadamente, aunque el pensamiento catastrófico siga queriendo hacer mella en ti:

1) Piensa en el peor de los escenarios de la situación que enfrentas (llevar meses sin encontrar trabajo, el alejamiento amoroso que vives, la tristeza profunda o la presente crisis existencial que afecta tu relación con los demás). Evócala en tu memoria con tantos detalles como puedas y sin omitir el malestar que percibes en la misma. Ahora déjala libre y piensa en todos los escenarios terribles que podrían acaecer. Maximiza el caos y piensa en lo peor que podría ocurrir, sin tapujos ni medias tintas. Decide libremente transitar por el camino más doloroso como si fuese el mayor drama y tragedia de tu vida. Dicho de otro modo, deja que el pensamiento catastrófico te conduzca por un camino aún más turbio y doloroso que aquel en el que ya te encuentras (tu reciente ruptura amorosa te permite pensar que jamás volverás a creer en el amor, que no se puede confiar en nadie, que el daño emocional te atormentará durante incontables años y que la herida es tan profunda que tu meta pasada de formar una familia está totalmente anulada de tu presente y futuro). Realiza este ejercicio de reflexión catastrófica durante el tiempo que necesites, sabiendo que no te sentirás nada bien en ese lapso (recomiendo a mis pacientes que lo hagan durante al menos 10 minutos de forma sostenida).

2) Piensa ahora en el mejor de los escenarios. Transita por un camino mucho más optimista, pensando, ¿qué es lo mejor

que me podría pasar luego de esto? Exagera el resultado positivo aun cuando en el fondo estés pensando que es absurdo, que nada bueno puede salir de ahí o que es ilusorio pensar así. Incluso si piensas esto último, persevera y sigue andando por el camino que te muestra el mejor de los escenarios. Evoca la tragedia o desdicha pasada, pero encontrando solo cosas buenas o consecuencias mucho más favorables (siguiendo el ejemplo anterior, la ruptura amorosa que sufrí me volverá mucho más maduro, me impedirá volver a tener una relación conflictiva, me nutre de esperanza por lo que ha de llegar, me permitirá volver a tener citas de primera vez, pretendientes y, al no estar en una relación formal, podré retomar proyectos individuales que pensé que jamás habría de recuperar). Como se propone en el ejemplo, se trata de visualizar un camino en el que todo nos sale bien, nos sentimos geniales y claro felices por lo que está por venir.

3) Aquellos avezados en psicología, quienes han estado en un proceso psicoterapéutico o personas muy perspicaces e intuitivas habrán descubierto ya el truco. Si no, helo aquí: una vez que has transitado por el peor de los escenarios, así como por el mejor, solo resta caminar por el más probable. En otras palabras: te has permitido catastrofizar cuanto has querido, para después exagerar los aspectos positivos y ver el lado más optimista de la vida. Pero ¿verdaderamente alguno de los dos caminos es posible en la realidad? Piénsalo bien: ¿es en verdad el peor de los escenarios algo que habrá de ocurrir? ¿Es en verdad el mejor de los escenarios algo que llegará? Si tus respuestas son objetivas y pensadas con el escrutinio suficiente, llegarás a la conclusión que necesitamos: forjar un tercer camino que combine el esfuerzo que acabas de hacer con los dos escenarios. Por ende, resta que hagas un último esfuerzo mental para transitar por un camino que integra, pondera y equilibra lo que visualizaste en el punto uno y

en el dos. Te costará más trabajo, cierto, pero nota cómo ya no le estás dando paso libre al pensamiento catastrófico o a esa distorsión cognitiva. El camino más probable te trae de vuelta a la realidad y a la creencia (mucho más sana) de lo que podría ocurrir realmente en tu situación.

Nuestros objetivos nos relacionan con otros: como aprendimos en el tercer componente del modelo PERMA, las otras personas importan y son un medio muy confiable para la obtención de un bienestar duradero. Y como es bastante probable que nuestras metas de vida impliquen a familia, amigos, colegas, pareja u otros, pues he ahí que la presente ventaja se vuelve doblemente valiosa. Sin embargo, también debemos ser cuidadosos para que esta reciprocidad funcione, pues pocas cosas son fáciles cuando combinamos metas de otros (quienquiera que sea) con las propias. ¿Necesitas ejemplos? Si tienes una pareja estable, piensa en lo difícil que ha resultado cuadrar sus proyectos de vida; si has emprendido un negocio, piensa qué tan común es que haya desacuerdos con los socios, colegas o tu equipo de trabajo en relación con las metas planteadas; si vives con tus padres, piensa en lo difícil que es compartir una visión del mundo con ellos u organizar un plan que deje satisfechos a todos por igual o si tienes amigos o compañeros universitarios, piensa en el estrés

💡 La técnica del pensamiento catastrófico guarda relación con la técnica que revisamos antes, denominada Las tres puertas.
Aunque te recomiendo probar ambas, puedes usar el siguiente criterio para escoger una u otra:

a) Técnica del pensamiento catastrófico: se recomienda cuando es común que te invadan este tipo de pensamientos automáticos de derrota, minusvalía o creencias irracionales que guardan relación con imágenes de un futuro desolador.
b) Técnica de "las tres puertas": se recomienda cuando deseamos albergar esperanzas, una visión de un mejor porvenir, o al querer probar "puertas" que antes veíamos cerradas o no queríamos considerar.

que produce organizar a todos para un viaje o la fiesta de graduación.

Una de las recomendaciones que solemos hacer los psicólogos en este tipo de situaciones es desarrollar la habilidad de "elegir bien" (habilidad que no resulta tan complicada si aprendes a decidir con base en la razón, la lógica y un método confiable). Por ejemplo, como consultor en gestión del talento (área que se dedica a eficientar las organizaciones por medio de su personal), suelo sugerir a empresarios, líderes y dueños de organizaciones que no se asocien con miembros de la familia, de forma que se respete el rol que mantenemos con ellos (un padre no puede ser al mismo tiempo educador de vida y tu jefe directo). Así, "elegir bien" significa que reconocemos las grandes dificultades que podrían surgir de mezclar la vida familiar con la vida laboral, por lo que habré de pensar el doble o el triple la decisión de asociarme con integrantes de la familia.

El mismo caos puede imperar y doblegar nuestros deseos si estamos acostumbrados a ceder y "sacrificarnos" por el supuesto bienestar de los demás (por ejemplo: primero mis hijos y al último yo) o peor aún, si no podemos decir que no ante una situación que de antemano sabemos que nos producirá desagrado. Para ello, asertividad, inteligencia social y capacidad de negociación serán los recursos que te permitan mantener tus metas vigentes, sin olvidarte de los que te rodean. Sin embargo, cuidándonos de lo anterior, las metas de vida que implican a otros seres humanos nos nutren y otorgan un sentido de plenitud, como ya hemos dicho. Así, trabajar con tu pareja para formar un hogar cálido donde ambos se sientan a gusto, reportará múltiples beneficios a cada uno de los tipos de bienestar propuestos (véase el capítulo siguiente). Unir a tu equipo de trabajo para una meta compartida en la que todos puedan aportar y sentirse satisfechos por el esfuerzo realizado se traduce en una mayor productividad y una cultura corporativa sólida; unir a mis compañeros de la universidad en aras de disfrutar el paso por la carrera, apoyándonos y alentándonos unos a otros, desemboca en una meta floreciente que además se disfrutará en mucha mayor medida que perseguir la misma meta en lo individual.

Y sí, esto último sigue sonando a un mundo fantástico y ajeno a la realidad actual donde todos parecen perseguir metas egoístas, pero igualmente cierto es que en este momento hay parejas, familias, equipos de trabajo, estudiantes que se hallan trabajando en ello. De nueva cuenta, tú decides en dónde situarte.

DE QUÉ TE PIERDES POR SEGUIR UNA VIDA SIN METAS

Hay muchas personas que en este preciso momento albergan la equivocada creencia de que solo el presente importa, de que no podemos más que concentrarnos en el "aquí y ahora", o en que no tiene sentido diseñar un plan de vida si no sabemos si habremos de estar aquí mañana. Erróneamente los medios, la publicidad, la "psicología de farmacia" y otros tantos fenómenos mediáticos nos han vendido con gran devoción "la filosofía de vivir aquí y ahora". Eslóganes como "solo tienes el día de hoy", "ahora es el momento" o "vive el presente" se graban en el ADN de las personas volviéndolo una consigna de vida que invita, más que a vivir, a comprar, a endeudarnos, a tener relaciones casuales, a consumir drogas, a "alocarnos", a probar de todo, o como aprendimos en el capítulo sobre positividad, a buscar el placer sobre todas las cosas, haciéndonos incapaces de esperar para obtener cosas mejores. Al respecto, cultivar una vida con logros nos ayudará a evitar caer en estas trampas tan bien diseñadas, pues ahora mismo podrías ser víctima de alguna (por ejemplo, mientras lees esto descubres que frente a ti hay una tienda comercial que te ofrece comprar ahora y pagar después). El presente importa, claro, pero también el futuro. No son enemigos, sino cómplices. Se trata de actuar en el presente para mejorar tu futuro; accionar hoy con base en tus metas propuestas a tres, cinco o diez años. Y sí, no hay certeza absoluta de que estemos con vida en diez años, pero ¿por qué amargarte la existencia desde ahora y a lo largo de tanto tiempo?

Dejar de perseguir tus objetivos es como saber que recibirás un premio y rechazarlo. Un equipo de investigadores expertos en el estudio de la felicidad y el bienestar ha encontrado un buen número de beneficios que reportan las metas para el ser humano en general (Diener et al., 1999). Así, esto es de lo que te estás perdiendo si has dejado tus metas de lado para concentrarte en el mero hecho de "sobrevivir".

Cuadro 6.
Hallazgos científicos de la vida con logros y metas

Hallazgo científico	Descripción
Cultivo metas, cultivo satisfacción con la vida	Las personas que están atentas a sus metas y al valor del esfuerzo usan este conocimiento como una referencia (un indicador) de su satisfacción con la vida.
Mi vida tiene más significado y me siento más capaz	Las personas que se comprometen con sus metas se tornan autoeficaces (creer que pueden dar lo mejor de sí), al tiempo que mantienen una estructura y significado de su vida diaria.
Lidio mejor con las adversidades y mejoro mi relación con los demás	El mantenimiento de las metas me ayuda a afrontar mejor los problemas de la vida diaria y me acerca más al bienestar social.

Hallazgo científico	Descripción
Las metas internas y que tienen que ver con mi desarrollo personal son mucho más valiosas que las metas financieras	Las metas totalmente relacionadas con el éxito financiero (acumular riqueza) que aparecen por encima de las metas de autoaceptación producen muy poco bienestar en general.
Es mejor trabajar por las metas en las que yo creo y no tanto en las metas que dicta la cultura	Resultan y contribuyen en mayor medida al bienestar las metas intrínsecas (que satisfacen deseos y necesidades propias) que las extrínsecas (salud, belleza, fama, hacer dinero).
Las metas orientadas al tiempo libre y en relación con los demás, son importantes	El ocio y la recreación son metas válidas para incrementar nuestros recursos personales, nuestra habilidad para interactuar con otros y para aumentar significativamente nuestros niveles de bienestar.
Plantéate metas de viaje	Las metas relacionadas con viajar son potentes predictores del bienestar y la satisfacción con la vida.
Vivir únicamente para alcanzar nuestras metas también es perjudicial	Como muchas cosas en la vida, tener metas y trabajar por ellas es positivo en muchos sentidos, pero también puede producir ansiedad si las perseguimos incesante y denodadamente.

LA TEORÍA DE LA AUTODETERMINACIÓN

Una teoría con bastante solidez y aceptación por parte de la comunidad científica en psicología es la teoría de la autodeterminación de Edward L. Deci y Richard M. Ryan, quienes conciben el bienestar como una consecuencia de un funcionamiento psicológico óptimo y no tanto de la frecuencia con que experimentamos placeres. De acuerdo con esta teoría, el funcionamiento psicológico sano implica que se cubran dos aspectos: la satisfacción de las necesidades psicológicas y contar con un sistema de metas (Deci y Ryan, 2008).Vamos a analizar y ejemplificar cada uno de estos aspectos.

Satisfacción de las necesidades psicológicas básicas. los seres humanos somos capaces de cultivar bienestar en la medida en que hemos cubierto tres necesidades psicológicas: vinculación, competencia y autonomía. La primera se refiere a la calidad y satisfacción percibida en el trato que recibimos y damos a otros, llámese pareja, colegas, amigos, familia, vecinos. Como su nombre indica, juzgamos si nos sentimos "bien o mal" con base en los vínculos sociales y afectivos que tenemos y buscamos mantener de la mejor forma posible. Así, la ausencia o baja calidad de nuestras relaciones con los demás se traducirá en niveles bajos o deficitarios de bienestar global o subjetivo. La necesidad psicológica de la competencia se refiere a qué tan competentes nos sentimos en diferentes áreas de nuestra vida, creyendo que podemos dar lo mejor de nosotros mismos, esforzándonos e invirtiendo los recursos con los que contamos. En ocasiones los psicólogos llamamos a esto *autoeficacia*, que se traduce en la creencia de que somos buenos para algo y trabajaremos por el mejor de los resultados. Aunque muchas personas lo asumen como una necesidad de competir con los demás, en realidad es un motivo propio (como dijera Seligman, el padre de la psicología positiva; se trata de elevar el listón para uno mismo, no de compararse con los demás). Así, sentirnos capaces o no en relación con los desafíos de vida repercutirá en cuánto bienestar percibimos en general. Por último, la necesidad psicológica de autonomía hace hincapié en el sentido de libertad e independencia con que contamos. Es saber que soy yo quien toma sus propias decisiones y que no soy manipulado por otros o el ambiente en que me desenvuelvo. Como podemos inferir, la autonomía se relaciona con nuestra identidad, valores, intereses y motivos; lo que explica que al carecer de esta nos sentimos perdidos, afligidos o con otros malestares psicológicos. Asimismo, es contar con cierta independencia económica, emocional (yo escojo qué sentir) e intelectual (yo escojo qué pensar y en qué creer). Cabe mencionar que, de acuerdo con la premisa principal de esta teoría, el bienestar se presenta con mayor probabilidad cuando existe un equilibrio en la satisfacción de las necesidades básicas de vinculación (relaciones con otros), competencia (desafíos personales) y autonomía (libertad individual), que cuando hay un alto nivel de satisfacción en alguna de estas. Hace poco la investigación ha confirmado dicha premisa de forma complementaria al demostrar que el balance de vida no se alcanza con la realización plena de las necesidades psicológicas, sino con el equilibrio en la satisfacción de las mismas (Sheldon y Niemiec, 2006).

Contar con un sistema de metas. Tener un sistema congruente y coherente complementa las premisas fundamentales de la teoría. La autodeterminación como modelo que promueve el bienestar requiere que hayamos definido un conjunto de metas intrínsecas (más que extrínsecas), además de que deberán ser coherentes con nuestros intereses, valores y necesidades.

EN BUSCA DE LOS MOTIVOS, NECESIDADES Y METAS HUMANAS UNIVERSALES

Un reto más a afrontar con este componente del bienestar es que tenemos que "dejar de andar por las ramas" o, en otras palabras: especificidad antes que ambigüedad. ¿Te has dado cuenta de cuántas personas incumplen sus propósitos de año nuevo por lo mismo?, ¿cómo lo difusos que son sus deseos o metas de vida las tornan casi irrealizables?, ¿cómo inician una meta, la deforman, la vuelven otra y de repente ya no saben qué están haciendo de su vida? No solo se trata de tener objetivos que definan nuestro andar en los diversos dominios de vida (laboral, intelectual, económico, de pareja), sino de plantearlos con la mayor claridad posible, segmentar la meta (sobre todo si esta es muy ambiciosa) y perseverar pese a las dificultades que surjan.

En la consulta privada he visto a cientos de pacientes que se casan o tienen hijos no porque sea su meta vital, sino porque según ellos los alcanzó el reloj biológico o ya era tiempo después de "x" años de relación (sin mencionar a todos aquellos que no se cuidaron adecuadamente).

Si somos justos, la ciencia de la psicología tampoco nos lo hace fácil, pues nos dice claramente cómo diseñar metas, pero pocas veces cuáles son importantes o si hay metas mejores que otras y encaminadas a nuestro bienestar general. ¿Y qué crees? ¡Sí las hay! Y eso no está peleado con el hecho de que eventualmente tú eres el único que las definirá como mejor te convenga.

Un equipo de investigadores (Sheldon *et al.*, 2001) ha logrado identificar de forma empírica 10 motivos universales que te podrán ayudar a definir qué quieres y hacia dónde vas. Los enlisto a continuación con una breve descripción:

1) *Autoestima.* Este motivo se refiere a contar con una autoimagen positiva (aceptación de quienes somos por dentro y por fuera), un sentido de valía y confianza personal, autorrespeto y el conocimiento de que soy tan importante como lo son los demás.
2) *Pertenencia.* La necesidad de intimar, cuidar y proteger a otros, tanto como a mí mismo. Nos motiva a mantener la interacción social y no el deseo de soledad y alejamiento.
3) *Autonomía.* Necesidad por sentir que nuestras decisiones son libres, se basan y reflejan nuestros valores e intereses auténticos. Es expresar y vivir nuestra autenticidad antes que ser

influidos por otros o controlados por factores externos (dejarnos guiar por los mandatos de la publicidad).
4) *Competencia.* Sentir que somos capaces y susceptibles de alcanzar el éxito y diestros como para lidiar y superar las dificultades de la vida. Descuidamos este motivo universal cuando nos sentimos incapaces, que fallaremos con toda probabilidad o que no lograremos el resultado.
5) *Cultivar el placer.* Es la necesidad vinculada con el disfrute de experiencias, ya sea porque implican novedad, placer a través de los sentidos o cambio. Lo contrario de este motivo sería sentirnos aburridos o hastiados de mantenernos en la misma rutina.
6) *Mejoramiento de la salud.* Es un motivo orientado a estar en buena forma, cuidar nuestra salud y percibir este bienestar físico en general.
7) *Autorrealización o significado.* Se relaciona con el crecimiento y el desarrollo personal, así como con los potenciales con que contamos y que nos hacen ser quienes somos. Es hallar el significado más profundo de nuestra vida, opuesto a sentirnos estancados o que la vida carece de sentido.
8) *Seguridad.* Sentirnos a salvo, seguros, así como la sensación de control, coherencia y lo predecible (saber qué habrá de pasar en nuestra vida con relativa certeza).
9) *Influencia o reconocimiento.* El motivo que nos alienta a buscar la admiración y respeto por parte de los demás. Este motivo universal nos ayuda a sentirnos útiles y tomados en cuenta, lo que se traduce en habilidades sociales y capacidad de persuasión (diferente de la creencia de que pasamos inadvertidos y que nadie está interesado en nuestros actos u opiniones).
10) *Lujo o dinero.* Necesidad de tener el suficiente dinero para comprar lo que sea y tener posesiones valiosas (aunque deberás recordar lo que hemos hablado acerca de las limitaciones que tiene el factor económico en cuanto a tu bienestar).

Ahora que hemos fundamentado las necesidades y motivos universales que pueden darle sustento a tus metas personales, debes saber un poco más sobre las metas que resultan mejores que otras y de acuerdo con lo que ha encontrado la ciencia. Al respecto, Waterman (*apud* Baumgardner y Crothers, 2014) sugiere que las mejores metas que podemos plantearnos serán aquellas que encajen mejor o se alineen (*match*) con los aspectos más profundos de nuestra personalidad, así como con nuestros valores y virtudes. Al hacer esto, nuestro autoconcepto se fortalece, pues nos hace fácil responder por qué escogimos esas metas, el valor que conllevan y por qué son tan importantes para nosotros. Además, esta adecuación entre metas y autoconcepto nos producirá sentimientos de *engagement* o compromiso, significado y satisfacción personal, dado que expresa "nuestro verdadero yo" y habla sobre nuestras potencialidades y fortalezas únicas. Es decir, serán metas que vociferen libremente: esto es lo que soy y lo que he definido que debo ser (una suerte de destino que yo decido).

Así, la propuesta es que conformemos nuestras metas de acuerdo con los siguientes criterios: *1)* nuestras metas deben encajar con necesidades, valores, virtudes y motivos propios, no de otros o impuestos por factores externos (sociedad, publicidad, mercantilismo), *2)* las metas seleccionadas deben expresar nuestra autoidentidad (complejidad o aspectos profundos de la personalidad), *3)* deben estar orientadas a la realización de actividades intrínsecas más que extrínsecas (el valor de lo que hago se lo pongo yo y no se basa exclusivamente en el reconocimiento que me hagan otros) y *4)* deben escogerse de forma autónoma (libre, sin presiones sociales y con independencia emocional e intelectual).

No obstante, me gustaría hacértelo todavía más sencillo yendo de lo general a lo particular y de regreso. Para ese fin, nos valdremos de un ejercicio actitudinal que bien podrá ser tu punto de partida para el planteamiento de tus nuevas metas o el reforzamiento de las ya existentes. Así, es momento de revisar las estrategias propuestas para cultivar una vida de logros.

Diseño de metas individuales en sintonía con las metas universales

Primera parte

Revisa el siguiente cuadro a detalle, reflexiona acerca de cada una de las metas que comparten todos los habitantes del planeta y de acuerdo con su descripción y tipo de motivación (también te sugiero marcar o subrayar los ejemplos de metas universales que te resulten de mayor valor).

Cuadro 7.
Metas universales basadas en valores y motivaciones

Tipo de motivación	Descripción (¿en qué consiste?)	Metas universales (¿qué queremos?)
1. Poder y estatus	Estatus social y prestigio, control, dominio de las personas y recursos.	Poder ante la sociedad, autoridad, riqueza.
2. Logros	Éxito personal demostrando competencia y acorde con cánones sociales.	Ser exitosos, competentes y competitivos, capaces de influir en los demás, trabajadores, eficientes y con enfoque en resultados.
3. Hedonismo	Placeres y gratificaciones individuales orientados a los sentidos.	Vida placentera, disfrute del ocio, el sexo, la comida.
4. Vida estimulante	Energía y entusiasmo, novedad, espontaneidad, desafíos estimulantes de vida.	Vida aventurera, correr riesgos, necesidad de cambio, experiencias nuevas y estimulantes.

Tipo de motivación	Descripción (¿en qué consiste?)	Metas universales (¿qué queremos?)
5. Autodirección	Pensamiento independiente, libertad para actuar y decidir; creación y exploración.	Empleo de la creatividad, libertad, independencia, curiosidad y que pueda escoger mis propias metas.
6. Humanidad	Comprensión, apreciación, tolerancia y protección del bienestar global (cuidado del medio ambiente y de la humanidad).	Ser tolerante, justo y sabio en relación con el mundo; aprecio de la belleza, la paz mundial y "custodio" de la naturaleza y el medio ambiente.
7. Benevolencia	Preservación y mejora del bienestar social (interacciones positivas con otros).	Ayuda humanitaria, honestidad, autenticidad, capacidad de perdonar, lealtad para con otros, responsabilidad y ser alguien confiable.
8. Tradiciones	Respeto, compromiso y aceptación de las costumbres y creencias que la cultura y la religión ofrecen sobre el yo.	Ser humilde, modesto, vivir con moderación y aceptar las circunstancias de la vida; ser devoto de una fe y respetar los tiempos para honrar las tradiciones.
9. Conformidad	Contenernos de realizar acciones como lastimar a otros o quebrantar las normas sociales.	Ser amable, cortés, autodisciplinado, obediente en nuestras obligaciones; honrar a nuestros padres y adultos mayores.
10. Seguridad	Seguridad, armonía y estabilidad en la sociedad, las relaciones y el yo.	Seguridad de quien nos ama y quiere, seguridad nacional, orden y limpieza social, reciprocidad en los favores, libres de endeudamientos.

Aunque no puedo leer la mente, sé lo que está pasando por tu cabeza: varias o muchas de estas metas universales guardan relación contigo mismo. Y sí, justo de eso se trataba: de hacerte ver que tus metas son altamente significativas porque son compartidas por muchas culturas y sociedades en el mundo. Completemos el ejercicio de la siguiente forma:

Segunda parte

Con base en lo reportado en el cuadro anterior y según los criterios que debe contener una meta, elabora una lista que incluya tus propias metas basadas en cada una de estas propuestas universales (una para poder y estatus, otra para logros, otra para hedonismo y así sucesivamente). De lo que se trata es de que amplíes tu repertorio, dejes la ambigüedad, pases a la especificidad y, como se menciona más arriba, para que refuerces tus metas ya existentes.

Al igual que con ejercicios anteriores, esfuérzate y persevera para delimitar cada una de tus propuestas sin desviarte de lo que engloba cada meta universal. Para eso, te dejo un cuadro en donde podrás desarrollar esta actividad.

Tipo de meta universal	*Mi meta a alcanzar o lograr es...*
Poder y estatus	
Logros	

Tipo de meta universal	Mi meta a alcanzar o lograr es...
Hedonismo	
Vida estimulante	
Autodirección	
Humanidad	
Benevolencia	
Tradiciones	
Conformidad	
Seguridad	

Tercera parte

Al completar este ejercicio es probable que no desees trabajar por todas las metas planteadas y es absolutamente comprensible. Quizás para ti no son tan significativas, no se relacionan con tus valores o tu situación actual hace que no sean verdaderas metas por el momento. Adelante. Táchalas o márcalas para que ya no sean visibles. Al final, debemos seleccionar las metas que tienen sentido para nosotros, en las que queremos invertir nuestros recursos (físicos, psicológicos, sociales, financieros) y que mantienen nuestra vida con un propósito definido (además de los otros componentes del modelo PERMA). Si te quedas con tres de 10 metas, está bien, si son seis de 10, también o si te propones mantener las 10, es igual. Recuerda que la cantidad de metas planteadas no define cuánto florecimiento obtienes, sino contar con metas que te produzcan bienestar durante todo el tiempo que trabajes por estas.

Consideraciones acerca de esta estrategia

1) La mayoría de los autores que habla sobre metas coincide en que estas deben ser específicas, medibles, alcanzables, realistas y con fechas de realización (objetivos SMART[1]). Por tal motivo, te invito a revisar cómo están redactadas tus metas para tratar de cubrir todas o la mayoría de estas características.
2) Sin importar la fecha en que hayas realizado esta actividad, te recomiendo encarecidamente poner manos a la obra hoy mismo. Organízate, planea y describe las acciones que debes considerar. Recuerda que esperar las condiciones idea-

---

[1] Los objetivos SMART se llaman así porque se refiere en inglés a: Específico (*Specific*), Medible (*Measurable*), Asignable (*Assignable*), Realista (*Realistic*) y Temporal (*Time-related*).

les (como que inicie el año o depender del visto bueno de otros) puede ser contraproducente o frustrante y en ocasiones se traduce en el abandono de metas.
3) Focaliza tu atención y no te desvíes del objetivo central. "Rodear el camino" solo es recomendable si parte de una estrategia consciente ("ya que no me pude meter por aquí, lo haré por acá") o cuando ya no tenemos más alternativas. Créeme cuando te digo que es muy común que, al desviarnos demasiado, ya no es posible regresar a la meta original.
4) Mide tus progresos con cierta periodicidad o frecuencia. Por ejemplo, si tu meta de benevolencia es a cinco años, evalúa tu desempeño cada seis meses preguntándote: ¿cómo vas?, ¿qué has hecho?, ¿qué escalón o escalones de la meta ya se han cubierto?, ¿qué sigue para los próximos meses?, entre otras.
5) Apóyate. Ya lo hemos comentado en un capítulo completo y aquí va de nuevo: las otras personas importan, y en este caso importan para que sean tus cómplices, motivadores, guías y respaldos en la consecución de tus metas. Para este fin, puedes reunirte con ellos para hablarles de tus progresos, de lo que deseas y estás haciendo en el presente para alcanzar ese futuro deseado. Seguramente las personas valiosas en tu vida te darán palmadas de apoyo, refuerzo, ayudas valiosas y, en muchos casos, recursos para que no sientas que estás por tu cuenta.

Equilibrar nuestras necesidades psicológicas básicas

Para la realización de esta actividad te tendrás que valer de la información que aparece en páginas anteriores acerca de la teoría de la autodeterminación de Deci y Ryan (2008). Básicamente la teoría evidencia que son tres los nutrientes que requiere nuestra mente para un funcionamiento psicológico óptimo o saludable: la autonomía, la competencia y la vinculación, pero que deben aparecer en equilibrio y en sintonía con metas coherentes y congruentes entre sí. Pese a que esta explicación puede parecer técnica en la práctica verás que resulta mucho más sencillo cuadrar esta ecuación y seguir el guion de lo que habrá que hacer.

Primera parte

Asegúrate de comprender de forma adecuada en qué consisten estos "nutrientes esenciales". Reflexiona sobre cómo dan significado y propósito a tu vida, además de cómo los cultivas en tu cotidianidad y por qué son importantes. No lo hagas a la ligera. Piensa y profundiza en lo que implica la autonomía y qué pasaría si carecieras de ella; lo mismo para la competencia y por último, la vinculación. Luego, haz lo mismo pero en relación con tus metas individuales. Por ejemplo: como señalan los autores de la teoría, una persona autónoma probablemente no escogerá una carrera por la cantidad de dinero que le aporte, sino por la satisfacción intrínseca y el significado que le proporcionará ese trabajo. ¿Es este tu caso o no? ¿Cuántas actividades realizas para trabajar en cada una de estas necesidades? Asimismo, te invito a tomar conciencia sobre el nivel de compromiso o dedicación que tienes para cada una. ¿Tu nivel de compromiso de establecer relaciones significativas (vinculación) es alto, medio o bajo? ¿Qué tal para la competencia? ¿Y para la autonomía? ¿Inviertes mucho tiempo y recursos en la necesidad de competencia (por ejemplo, en el trabajo), pero poco en el de vinculación? ¿Alguno parece ser poca cosa o insignificante para ti? ¿Qué tan dispuesto estás a buscar el equilibrio de estos nutrientes?

Segunda parte

Una vez hecha la introspección, incluiremos un elemento visual que te será de gran ayuda en la búsqueda del equilibrio (recuerda: la ciencia ha demostrado que vinculación, competencia y autonomía deben cultivarse en la misma proporción para que contribuyan a nuestro bienestar). Consigue tres ligas de colores distintos, seis tachuelas (chinchetas) y algo en donde las puedas clavar (por ejemplo, un pizarrón de corcho o una pared de tu recámara). Ahora bien: cada liga representa una de estas necesidades psicológicas y las tachuelas el sostén con base en el estiramiento de la liga. Comprendido lo anterior, evalúa en una escala de 0 a 10 el nivel de compromiso o dedicación que has empleado en cada una y márcalo con las tachuelas de forma que la liga se estire hasta dicho punto (el 0 representa un pobre nivel de compromiso, el 5 un nivel de compromiso medio y el 10 un nivel de compromiso muy alto). En otras palabras, tu liga estará sujeta por dos tachuelas y estirada tanto como lo está tu nivel de compromiso. Por ejemplo: si valoras que tu nivel de compromiso con la vinculación es de diez, estirarás lo suficiente la liga y colocarás las tachuelas lo más alejadas posible la una de la otra (una liga muy tensa). Siguiendo este ejemplo, tal vez valores que tu nivel de compromiso con la autonomía es de cuatro en razón de que reconoces que hay muchas personas que siempre deciden por ti o que opacan tu opinión con frecuencia; si este es el caso, estirarás poco la segunda liga del color escogido y la pondrás estirada de esta forma con sus dos respectivas tachuelas. Y si para la competencia tu evaluación de compromiso es de cinco, por ejemplo, la tercera liga quedará más estirada que la de autonomía pero mucho menos que la de vinculación. ¿Todo claro? Si has completado el segundo paso correctamente, entonces tu pared o pizarrón de corcho tiene tres ligas estiradas según tu nivel de compromiso y sujetas con las tachuelas a la altura correspondiente. Visualmente has descrito en qué nivel de importancia se encuentran estas tres metas y, claro, al verlas así, es evidente si las usas en equilibrio o no.

Tercera parte

Pasa a la práctica en la vida diaria. Lleva a cabo actividades que restauren el equilibrio o la flexibilidad de cada uno de estos elementos. Por un lado: ¿quién dijo que solo el 10 es sinónimo de un buen desempeño? Y por otro lado: ¿qué tanto descuidamos una para ocuparnos de otra? Las ligas que veas diariamente al iniciar o finalizar tu día te recordarán eso, te permitirán reflexionar sobre el exceso o desgaste que implica atender una necesidad como si fuese un absoluto y el déficit que se provoca en otra. ¿Notas lo tensa que está la liga en un nivel de 10? ¿Percibes cómo podría romperse en cualquier momento? ¿Y qué hay de las que tienes en dos o tres: puedes reparar en lo "flojitas" que aparecen a la vista? En otras palabras: exceso de dedicación en unas, falta de compromiso en otras. El resultado: poco equilibrio, balance o armonía de vida.

Cuarta parte

Mide tus progresos. Avanza y retrocede según sea el caso. Si estás en nueve en autonomía, dos en vinculación y cuatro en competencia, la discrepancia es evidente y está claro lo que debes hacer: bajarle a una y sumarle a las otras dos. Cambia las situaciones en las que puedas hacerlo, las personas con las que te relacionas, los retos que te pones en el día a día. Piénsalo así: seguir trabajando sin descanso eventualmente hará que nuestra liga se rompa y suframos más de lo que ganamos: quizás nos enfermemos físicamente, perdamos a nuestra pareja y padezcamos estrés crónico o *burn-out* (desgaste laboral) y todo en aras de ser altamente competentes y exitosos en lo laboral, por eso en esta parte del ejercicio dependemos de la flexibilidad y de realizar los cambios necesarios para que nuestros valores se muevan. Hacer y dejar de hacer. Evaluar y replantear. Avanzar y definir qué sigue, qué necesito, qué me impide emprender la acción y hacer lo que haga falta.

Quinta parte

Mantener a lo largo del tiempo tanto el equilibrio como la flexibilidad de acuerdo con lo que nos hemos planteado (sistema de metas). El presente ejercicio mantiene su valor en el mediano y largo plazos, no tanto en el aquí y ahora. Así, ¿qué te parece si trabajamos este ejercicio al menos durante medio año? Proponte estar en equilibrio y satisfecho con tus tres nutrientes seis meses o tal vez más. Convierte esta estrategia en un hábito y observa cómo poco a poco se torna en un hábito que se lleva a cabo casi en automático.

Consideraciones acerca de esta estrategia

Los libros de superación personal, algunas técnicas de mercadotecnia o de *coaching* nos han vendido la idea de que los imposibles no existen y están en nuestra cabeza. ¡Craso error! Aceptar nuestras limitaciones, equivocaciones y saber "tirar la toalla" es un signo de madurez psicológica y salud mental. Cuando llevo a cabo este ejercicio con mis pacientes o participantes de algún curso o diplomado, es común verlos lidiar con este fenómeno de la perfección absoluta y de que debemos "soñar en grande". Erróneamente piensan que la meta es tener estiradas nuestras tres ligas hasta el diez y que solo así se podría hablar de una "misión cumplida". Te pido encarecidamente que no caigas en esta falacia tan común, de forma que no afecte tu desempeño en este ejercicio y con base en todo lo que has avanzado en tu construcción del bienestar. La meta no es el 10, sino el número que refleje satisfacción y equilibrio. Por ejemplo, he conocido a pacientes que trabajan por mantenerse en un nivel de compromiso de ocho para cada una de las ligas o necesidades y que al reportar sus resultados se sienten constantemente bien, satisfechos y comprometidos con sus metas. ¡De eso se trata! Y no de creernos con capacidades ilimitadas solo propias de superhéroes y fruto de la ficción.

Disfruta con el viaje: las ligas y las tachuelas deben producirte disfrute, entusiasmo y confianza en el futuro, no al revés. Recuerda que este es un ejercicio más que se basa en el proceso, no en el resultado. Deja de lado las actividades que no te salgan bien e identifica cuáles te nutren y otorgan sentido. Tal vez sigues en cuatro en la necesidad de vinculación luego de tres semanas, un mes, o mes y medio. No importa, es cuestión de seguir probando. Contra lo que te ofrecen chamanes, brujos o *coaches* de dudosa reputación, el desarrollo y crecimiento personal es un trabajo que requiere gran esfuerzo y no se presenta de la noche a la mañana. Así, no se trata de querer ver el final del arcoíris, sino de disfrutar estar en él.

A la larga, esta estrategia trata de traducirse en una vida con logros. Por ende, no olvides premiarte, reconocerte o recompensarte conforme logras el equilibrio de las tres necesidades sin importar si es una "gran meta" o una meta pequeña. Se premia el esfuerzo, los intentos, los objetivos alcanzados, los cambios producidos, las ganas, la disposición, el ímpetu, la energía, los recursos invertidos (tiempo, herramientas psicológicas) y la actitud que imprimes en busca del equilibrio de estas metas. Quítate esa idea de que solo los grandes resultados se deben reconocer.

TERCERA PARTE

REFORZAR

Cuida tu salud mental y estarás cuidando todos los aspectos de tu vida.
RAMSÉS BARRAGÁN ESTRADA

*¿Qué nos falta para ser felices cuando
uno lo tiene casi todo y no lo es?
Lo que nos falta es saber vivir.
Y eso es arte y oficio.*
ENRIQUE ROJAS

8. FLORECER COMO META PARA LAS PERSONAS Y LAS SOCIEDADES

Florecer *representa tu mejor futuro posible.*
BARBARA FREDRICKSON

EL MÁS ACTUAL Y APREMIANTE DESAFÍO DE VIDA: COVID-19

La vida siempre nos reta, para alentarnos a seguir, perseverar y no darnos por vencidos. Al mismo tiempo, es responsabilidad y decisión de cada uno de nosotros hacerle frente por medio de todos los recursos psicológicos, físicos, comportamentales y emocionales con que contamos de forma que salgamos airosos, fortalecidos y satisfechos con los resultados. Según uno de los filósofos del siglo XX, Karl Popper, la vida consiste precisamente en eso: en nuestra capacidad de resolver problemas.

La actual pandemia de covid-19 y surgida en una provincia de China (Wuhan) nos tomó por sorpresa a todos por igual y se volvió el desafío de salud pública más importante en todo el mundo, de formas que nos preocupan a todos y nos obligan a desarrollar habilidades personales específicas, así como estrategias de afrontamiento apremiantes o que escapan a la normalidad conocida. En este sentido, nos encontramos ante una situación de emergencia sanitaria de proporciones insospechadas y que ha ocasionado cambios de orden mundial en todos los contextos de vida. Es una amenaza tanto para la salud física como para la salud mental y el bienestar de sociedades enteras que se han visto gravemente afectadas por esta crisis. La adversidad asociada con las consecuencias socioeconómicas, el miedo al virus y su propagación, así como las preocupaciones asociadas, tienen una repercusión incuestionable en la salud mental de la población. Si a eso le sumamos las graves secuelas económicas, políticas, institucionales, empresariales, sociales y un largo etcétera, resultará fundamental nuestra capacidad de adaptación y de utilización de estrategias para la salud, como las que aquí se proponen.

En el modelo de bienestar que revisamos a lo largo de estas páginas, así como la repercusión psicológica derivada de covid-19, se proponen las siguientes estrategias que podrás poner en práctica para esta o futuras crisis y que se suman a todos los otros ejercicios que has utilizado en los capítulos anteriores. Selecciona las que tengan más sentido para ti en los diferentes dominios de vida donde se necesiten:

Cuadro 8.
Propuesta de ejercicios durante y después de covid-19 basadas en el modelo PERMA

Componente del modelo PERMA	Ejercicios propuestos para cada componente PERMA
Positividad	Durante: practicar el optimismo, la esperanza y la fe o espiritualidad como una estrategia de afrontamiento en los periodos de mayor intensidad de la angustia, la ansiedad o la depresión. El objetivo es que podamos aprender a hablar tanto del malestar que ocasiona la pandemia, como de las emociones que promueven el crecimiento individual, metas y razones para vivir (Barragán, 2019). Después: promover la satisfacción con la vida por medio de aspectos como la confianza personal o la autorrealización, de forma que pese a las pérdidas o malestares sufridos durante la pandemia, se mantenga la capacidad de la persona para expresar mayor afectividad positiva.

Componente del modelo PERMA	Ejercicios propuestos para cada componente PERMA
Engagement (compromiso y fluidez)	Durante: de acuerdo con el creador del término "fluidez o flujo", las personas podemos aprender a fluir con casi cualquier actividad que implique un reto acorde con nuestras habilidades (Csikszentmihalyi, 1997). Así, el encierro o aislamiento social nos permite probar una amplia gama de actividades con miras a poder descubrir aquellas que nos apasionen e involucren (leer, armar rompecabezas o cocinar), al tiempo que mantienen el orden de nuestra consciencia y brindan una sensación de logro y plenitud. Después: a partir de actividades llevadas a cabo durante la cuarentena, el compromiso también implica la formación de hábitos a través del uso de las fortalezas. Así, hacer ejercicio, aprender un idioma o sumarnos a causas benéficas son actividades que pueden seguir vigentes en nuestra vida una vez superada la adversidad.
Relaciones interpersonales positivas	Durante: una de las funciones más importantes del vínculo social es proporcionar apoyo social en momentos de estrés, aflicción y trauma. Así, uno de los mejores mecanismos para hacer frente a la pandemia es hablar sobre esta con amigos, familiares y compañeros de trabajo, como un gesto de apoyo y confianza interpersonal. Después: cultivar relaciones positivas con los demás nos permite obtener gratificaciones que se convierten en un antídoto para vencer las adversidades cotidianas. En otras palabras, son redes de apoyo con las que podremos contar para futuros problemas (Barragán, 2019).

Componente del modelo PERMA	Ejercicios propuestos para cada componente PERMA
Significado	Durante: tomarse tiempo para reflexionar sobre aspectos importantes de nuestra vida, así como de aquellas cosas que pasábamos por alto o dábamos por descontado, a sabiendas que podremos volver a experimentarlas. Este proceso de "reconstrucción emocional" puede ser un cimiento importante en la generación de significado y vida con propósito. Después: aprender a salir fortalecido de la experiencia a través del trabajo con la identidad. De acuerdo con Pérez-Sales (2009), este tipo de estrategia terapéutica permite a la persona pasar de "vivir para el trauma" (superviviente) a "viviente con el hecho traumático", lo que torna sus problemas más manejables, con significado y con la posibilidad más plausible de buscar espacios para la resistencia y la resiliencia psicológicas.
Consecución de logros	Durante: dotarnos de pequeños logros que nos resulten significativos (concluir la primera fase de un proyecto personal, terminar el capítulo del libro que se está leyendo, enviar la actividad laboral prioritaria del día). Otra forma de cultivar este aspecto del bienestar es por medio de la técnica "las tres cosas que salieron bien" (Seligman, 2011) en la cual se le pide a la persona que escriba en un diario estructurado tres cosas que salieron bien en el día y porqué (causas), de forma que se promuevan aspectos como el disfrute, la satisfacción y la sensación de logro por méritos propios. Después: valorar los alcances, objetivos y metas obtenidos durante la pandemia, explicitarlos y seguir trabajando en ellos. Para muchas personas, el encierro en casa permitió poner en marcha ideas y proyectos que por falta de tiempo u otros factores no podían llevarse a cabo o se encontraban en pausa. Así, los logros adquiridos o que se mantienen luego de los periodos más álgidos de la enfermedad, proporcionan la sensación de crecimiento y desarrollo personal.

Una propuesta para tu bienestar en estos tiempos de crisis: El modelo integrativo del bienestar (MIB)

Todos los días alrededor del mundo se realizan investigaciones en torno al tema del bienestar y la enorme diversidad de variables que se asocian con este; asimismo y por medio del uso del método científico, se plantean hipótesis, teorías y nuevos modelos que posibilitan o nos ayudan a alcanzar el florecimiento. En este sentido, los profesionales de la salud mental, como parte de nuestro legado al mundo, deseamos contribuir a esta meta altamente valiosa y, en nuestro caso, desarrollamos la metodología integral basada en los diferentes modelos existentes. Así, como se expuso en los primeros capítulos, los investigadores han propuesto que la persona que florece deberá presentar síntomas "opuestos" a los de las enfermedades mentales. Huppert y So (2013) toman como ingredientes del florecimiento una lista de 10 características positivas que además son la base de una propuesta diagnóstica con el respaldo de lo que ofrece la psicología del bienestar desde su aparición. En la lista se incluyen las características que revisamos pero que no está de más recordar: competencia, estabilidad emocional, compromiso, significado, optimismo, emoción positiva, relaciones positivas, resiliencia, autoestima sana y vitalidad. De acuerdo con esta categorización, florecer significa presentar al menos ocho de las características positivas y la presencia de mayor afectividad positiva.

Una definición adicional y que guarda mayor relación con el modelo que se presenta a continuación dice: "Florecer es un

---

💡 Se considera "durante" el periodo de contagios masivos o intensificados en la población en general, que implica tomar medidas severas como la cuarentena obligatoria; se considera "después" como el periodo posterior a la propagación de la enfermedad basado en las secuelas o efectos psicológicos derivados de esta.

estado de la salud mental positiva que posibilita nuestro crecimiento y progreso, al tiempo que nos aleja de las enfermedades mentales, en el que nos sentimos llenos de vitalidad y funcionando adecuadamente en nuestro fuero interno y el contexto social al que pertenecemos" (Michalec et al., 2009). Lo anterior quiere decir que los individuos florecientes no solo están libres de enfermedades mentales, sino que también están llenos de vitalidad emocional y funcionan positivamente en las esferas privada y social de su vida. En adición, este modelo continuo de la salud mental óptima describe la condición de florecimiento como la presencia de altos niveles de bienestar hedónico (asociado al placer), bienestar eudaimónico (psicológico) y bienestar social (Keyes, 2005).

A partir de lo expuesto y con base en el concepto, características y objetivo central de florecer como meta tanto para las personas como para las sociedades, he trazado un esbozo metodológico para delimitar nueve tipos de bienestar, que conformarán a su vez un modelo preliminar (fase experimental), así como una propuesta actual, integrativa e innovadora para cultivar el bienestar en los diferentes dominios de vida en los que nos desenvolvemos, y que podremos identificar en lo sucesivo como modelo integrativo del bienestar (MIB).

El MIB permite mantenernos centrados en los aspectos saludables y recursos psicológicos de las personas por medio de una metodología de trabajo basada en los tipos de bienestar y orientada tanto a las motivaciones como a las necesidades y requerimientos particulares de las personas con el fin de su florecimiento. En la figura 1 y el cuadro 8 podemos ver tanto su representación gráfica como las definiciones y constructos psicológicos relacionados con cada tipo de bienestar propuesto.

Figura 1. Los nueve tipos de bienestar propuestos por MIB

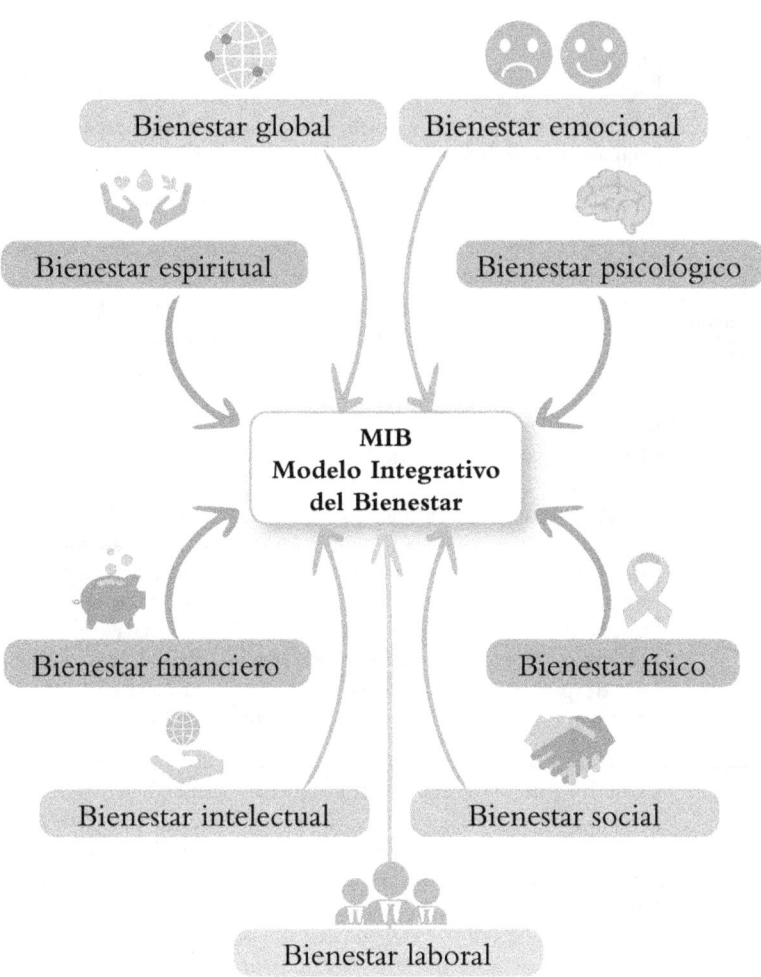

Cuadro 9.
Tipos de bienestar

Tipo de bienestar	Bienestar global
A qué se refiere	Se utiliza como medida del bienestar para la población en general en cuanto a dominios específicos que afectan las condiciones de vida de las personas, como salud, vida personal, matrimonio, trabajo o condiciones sociodemográficas: estado civil, sexo o condiciones de la vivienda (Kahneman et al., 2004).
Cómo se da cuenta de él	En cuanto a evaluaciones, el bienestar global considera: 1) bienestar experimentado u objetivo: guarda relación con estados afectivos momentáneos y la forma en que se viven estas experiencias afectivas en tiempo presente y 2) bienestar evaluativo: considera el grado de satisfacción según se recuerdan experiencias afectivas o con base en indicadores vinculados con los estándares de vida.
Tipo de bienestar	Bienestar emocional o hedónico
A qué se refiere	Resulta del juicio global que hacen las personas en relación con la satisfacción con la vida, la presencia de estados de ánimo placenteros y el mayor cultivo de emociones positivas que negativas (Diener et al., 1999). En consecuencia, las emociones positivas serán estados subjetivos que la persona experimenta en razón de sus circunstancias personales, conllevan una valencia de placer, producen una sensación de agrado o disfrute al experimentarlas y se valoran sus efectos gratificantes (Barragán y Martínez, 2014).
Cómo se da cuenta de él	Este tipo de bienestar opera como un racimo de síntomas que reflejan la presencia o ausencia de sentimientos positivos sobre la vida, la psicología positiva suele asociarlo con el afecto positivo (expresión de emociones positivas entre las que se incluyen alegría, tranquilidad, entusiasmo), la felicidad (cómo se percibe la vida en este sentido en términos generales y en los diferentes dominios de vida) y la satisfacción con la vida (valoración pasada y presente de lo logrado hasta ahora, en general y en los diferentes dominios) (Diener, 1984; Diener et al., 1991; 1999; Baumgardner y Crothers, 2014).

Tipo de bienestar	Bienestar psicológico o eudaimónico
A qué se refiere	Se refiere principalmente al funcionamiento óptimo individual y positivo, ya sea como una meta significativa o como el propósito final de la vida misma. Implica hacer que la vida valga la pena ser vivida, dando lo mejor de nosotros mismos por medio del compromiso, control (autonomía), significado y utilización de aquellas fortalezas que mejor nos distinguen (Keyes, 2005; Ryff y Singer, 2008; Seligman, 2011; Lamers et al., 2011). Además, suele ser el tipo de bienestar que se enmarca en las definiciones actuales de salud mental positiva, bienestar subjetivo o salud mental según lo define la OMS (2020).
Cómo se da cuenta de él	Aunque depende del modelo que se emplee, el bienestar psicológico suele enfatizar aspectos como el crecimiento personal, el significado de vida, la sensación de plenitud, el diseño de metas y la realización personal. Asimismo, se asocia con la noción de florecer o florecimiento como eje rector de la psicoterapia positiva y como un continuo de la salud mental que conduce al funcionamiento óptimo individual o al decaimiento o languidecimiento (antecesores o precursores de la enfermedad mental) (Westerhof y Keyes, 2010).
Tipo de bienestar	Bienestar físico
A qué se refiere	Se describe como un estado de bienestar óptimo: libre de enfermedades o afecciones en términos de la ausencia de síntomas (nivel subjetivo) o indicadores objetivos de enfermedad (mediciones o valoración médica). De acuerdo con el modelo de calidad de vida de Shalock y Verdugo (2003), se refiere al nivel de salud relacionado con el funcionamiento físico, nutrición, atención sanitaria adecuada, realización de actividades en la vida y aspectos como vestimenta, higiene y seguridad (conciencia del peligro).
Cómo se da cuenta de él	Guarda relación con la calidad de vida que a su vez se mide por múltiples parámetros: predisposición genética, longevidad, morbilidad, mortalidad, severidad de la enfermedad, supervivencia y salud subjetiva o percibida (autorreportes) entre otros (Rasmussen y Pressman, 2009).

Tipo de bienestar	Bienestar social
A qué se refiere	Se concibe como el grado de satisfacción y funcionamiento óptimo de cada una de nuestras relaciones sociales, abarca desde pareja, amigos, compañeros de trabajo, vecinos hasta la comunidad en que vivimos. De acuerdo con Keyes (2005), el bienestar social está formado por cinco dimensiones: aceptación social, autorrealización social, contribución social, congruencia social e integración social.
Cómo se da cuenta de él	En un sentido muy amplio, el bienestar físico se asocia con la noción de salud definida por las instituciones. Por ejemplo, la OMS (1948: 1) la define como "un estado de completo bienestar físico, mental y social". Asimismo, guarda relación con la calidad de vida que a su vez se mide por múltiples parámetros: predisposición genética, longevidad, morbilidad, mortalidad, severidad de la enfermedad, supervivencia y salud subjetiva o percibida (autorreportes) entre otros (Rasmussen y Pressman, 2009).
Tipo de bienestar	Bienestar laboral
A qué se refiere	Se concibe como aquellas condiciones que promueven, mantienen y se implementan en las organizaciones en aras del bienestar físico, psicológico y social de los trabajadores, así como de su salud organizacional (Tosi y Pilati, 2011).
Cómo se da cuenta de él	El bienestar laboral es un concepto evaluativo y trata de responder qué siente el empleado, por ejemplo, frente al manejo del conflicto o las prácticas de supervisión (Robbins, 1994). Por lo tanto, el bienestar laboral de los trabajadores dentro de la organización no se encuentra determinado solo por las actividades que gestiona una empresa para su alcance, sino también por las características individuales de los trabajadores y las percepciones que ellos crean conforme pasa el tiempo.
Tipo de bienestar	Bienestar intelectual
A qué se refiere	Se refiere al grado de satisfacción percibida en relación con los diferentes tipos de inteligencia con que contamos, con especial énfasis en el uso de nuestro intelecto para la solución de problemas. Abarca la capacidad con que podemos desarrollar recursos útiles y adaptativos para cultivar nuestra inteligencia en los diferentes dominios o esferas de vida.

Cómo se da cuenta de él	Este tipo de bienestar comprende aspectos relacionados con la solución de problemas, la creatividad y conocimientos aplicados en el desarrollo de competencias personales, profesionales o de otro tipo. Así, resulta vital para el aprendizaje, la adquisición de conocimientos, así como para las aplicaciones prácticas de la inteligencia, ya sea de forma lógica, sistemática, secuenciada o incluso los aprendizajes por *insight*. Implica valorar el aprendizaje y los conocimientos con que contamos en aras de poder aprovecharlos y sean recursos psicológicos para afrontar desafíos y resolver problemas de la vida diaria.
Tipo de bienestar	Bienestar financiero
A qué se refiere	Es el grado de satisfacción percibido en relación con el uso y gestión de los recursos económicos con los que contamos y producimos a través de nuestro esfuerzo y trabajo. (Fuenzalida y Ruiz-Tagle, 2009).
Cómo se da cuenta de él	El bienestar financiero es un indicador determinado por la certidumbre financiera o el riesgo de pagar o no las deudas previamente contraídas; certidumbre que proviene de la capacidad del individuo de generar ingresos para cubrir sus necesidades; así como de la percepción que tiene de su capacidad para administrar sus asuntos financieros y el nivel de riesgo que puede o está dispuesto a asumir en un momento determinado (Fuenzalida y Ruiz-Tagle, 2009).
Tipo de bienestar	Bienestar espiritual
A qué se refiere	Se refiere a la habilidad personal de experimentar e integrar el propósito y significado de vida en conexión profunda ya sea con uno mismo, otros, el arte, la literatura, la naturaleza o mediante un poder divino que resulta más grande que uno mismo. Abarca las definiciones de espiritualidad, entendidas como creencias coherentes acerca del significado y propósito elevado con o hacia el universo (Peterson y Seligman, 2004).
Cómo se da cuenta de él	En cuanto a instrumentos de medición (la escala de bienestar espiritual o el índice de bienestar espiritual), se relaciona con el bienestar existencial u ontológico (perspectiva de vida, propósito y significado). Incluye los conceptos de lo absoluto o divino, conexión profunda, misterio, libertad espiritual, capacidad de perdonar, esperanza, trascendencia y otros (Faiver *et al.*, 2001).

Qué puede hacer el MIB por ti

El objetivo principal del modelo MIB es contribuir al florecimiento de las personas y sociedades por medio del cultivo de cada uno de los tipos de bienestar existentes. Lo anterior significa que puede servir como guía de las áreas de vida en las que podemos trabajar de manera intencional (hacer y no solo decir), midiendo nuestro progreso, en armonía con cada uno de los dominios de vida en los que nos desenvolvemos (familiar, escolar, laboral, de pareja). De la misma manera que ocurre con otros modelos, cada tipo de bienestar se aprende a cultivar (es decir, es educable) y potenciar como un fin en sí mismo, es independiente de los demás y en conjunto maximizan las oportunidades de florecer. Siguiendo estas premisas, el modelo puede entonces ser parte de un programa de potenciación del bienestar individual y colectivo, ya sea por medio de estrategias bien definidas o a través de las variables relacionadas con estas (véase el cuadro 8). Además, se concibe como una propuesta integrativa susceptible de utilizarse en contextos clínicos y relacionados con la salud mental; lo anterior debido a que cada tipo de bienestar está pensado y diseñado para encarar desafíos de vida personales y porque reportan un valor intrínseco. Esto último se refiere a que las personas y sociedades perseguimos cada uno de los tipos de bienestar propuestos porque nos brindan una sensación de plenitud, crecimiento y desarrollo. A su vez, brindan motivación que se traduce en capacidad de logro, disfrute y satisfacción con la vida, que bien puede reflejarse en la atención y promoción de nuestra salud mental.

En conjunto, el modelo MIB también busca impulsar y fortalecer acciones y conductas positivas propias de los diferentes retos de vida y bajo el supuesto lógico de que existen áreas de vida en las que nos desarrollamos adecuadamente y las damos por hecho (por ejemplo, una persona se siente insatisfecha con su vida porque constantemente sufre descalabros amorosos y por ende minimiza el buen trabajo que hace en otros contextos, como el escolar o el laboral). En consecuencia, el modelo nos permitirá reconocer "lo que hacemos bien" al tiempo que nos motiva a potenciar otros tipos de bienestar que no hemos atendido en la misma proporción o medida. Aunado a ello, es un conjunto de pilares o soportes que habrán de cimentar los aspectos psicológicos asociados con nuestro bienestar general, nos dotarán de recursos valiosos necesarios para nuestro florecimiento que nos mantendrán resilientes ante las épocas de crisis o adversidad (como se ha justificado en relación con el covid-19). Lo anterior resulta de gran importancia debido a que no siempre nos sentimos "florecer" o profesando una salud mental positiva; sin embargo, la metodología del MIB posibilita retomar senderos, dotarnos de logros y seguir contando con una brújula interna que propicie la adaptación al cambio y más tarde la superación de la crisis.

No debemos olvidar que cultivar cada uno de los tipos de bienestar se deberá hacer en equilibrio y no solamente maximizando la utilización de algunos de estos.

Estrategias de prevención de covid-19 según los tipos de bienestar

Uno de los estudios más destacados en relación al efecto psicológico ocasionado por la pandemia del covid-19, con particular énfasis en el confinamiento, documenta que las cuarentenas extensas o que no son bien llevadas se traducen en múltiples efectos psicológicos negativos, como estrés postraumático, frustración, aburrimiento, enojo, confusión, pérdidas financieras, estrés y angustia (Brooks *et al.*, 2020). A eso se suman diferentes estudios que, como hemos expuesto, reportan una sintomatología asociada con el malestar psicológico y de otros tipos (financiero, laboral, social). Lo anterior vuelve necesaria y apremiante la conformación de programas y estrategias de prevención e intervención basadas en la evidencia científica que, al igual que con la pandemia, permitan aplanar las curvas de la incidencia de los trastornos psicológicos que empiezan a aparecer (Carbone, 2020). Algunos de estos programas ya comienzan a presentarse, con distintos objetivos y resultados, pero comparten la prevención igual que las estrategias del bienestar aquí presentes (véase el cuadro 9). Entre las medidas utilizadas destacan los programas de crianza, sociales y emocionales; programas de aprendizaje, autocuidado, salud mental en el trabajo, habilidades para resolución de problemas sociales, de comunicación o de crianza de los hijos; así como estrategias de afrontamiento en situaciones estresantes o para prevención de la depresión (Sánchez-Hernández y Canales, 2020).

Asimismo y aunque aún son escasas las intervenciones en psicología positiva que podrían coadyuvar a atender la situación de la pandemia, sí hay un notorio respaldo científico que nos permite confiar en la utilización de este campo, al igual que ocurre con otros modelos. Por ejemplo, una reciente revisión meta-analítica destaca la necesidad de intervenir en el fenómeno pandémico con estrategias propias de este enfoque: de 68 estudios controlados que abarcan un total de 16 085 participantes, los resultados arrojaron un aumento significativo del bienestar en el corto y largo plazos por medio de intervenciones psicológicas positivas (Koydemir *et al.*, 2020).

En sintonía con lo anterior, las denominadas *intervenciones positivas* han evidenciado su eficacia para el incremento del bienestar emocional en muestras no clínicas (Berger *et al.*, 2014), en pacientes con depresión (Seligman *et al.*, 2005), para disminuir la tasa de recaídas y remisión con base en el cultivo de fortalezas personales (asociadas al bienestar psicológico, laboral y social, entre otros) (Seligman, 2011) y en actividades diversas encaminadas a la puesta en práctica de habilidades sociales, emocionales, de autocuidado, cognitivas y la experimentación de emociones positivas (Jiménez et al., 2016).

Este amplio repertorio de estudios y respaldo científico con que cuenta la psicología positiva en su conjunto permite inferir que las estrategias aquí propuestas, retomadas de la investigación actual, serán de gran valor y apoyo en la atención de problemas psicológicos durante el periodo de pandemia y pospandemia, y sus posibles secuelas.

Cuadro 9.
Estrategias de prevención durante la pandemia de covid-19 según los tipos de bienestar del MIB

Tipo de bienestar	Estrategias de prevención sugeridas
Bienestar global	De acuerdo con investigadores como Lyubomirsky (2008), el clima, el lugar de residencia (vivir en la playa o en la ciudad), el éxito financiero, el aumento en el poder adquisitivo para la consecución de bienes, entre otros, no aumentan significativamente nuestros niveles de bienestar, por lo que son aspectos de nuestra vida que bien podríamos dejar de lado por el momento. En cambio, hay aspectos que pueden mejorar nuestra calidad de vida y que consideran una gama de motivaciones intrínsecas que superan en buena medida a las motivaciones extrínsecas: habitabilidad en el entorno (sentirnos a gusto en el lugar donde vivimos valorando las características del ambiente), utilidad de la vida (perspectiva instrumental de la vida con propósito), habilidades personales para la vida y satisfacción con la vida (Veenhoven, 2000, 2016).

Bienestar emocional o hedónico	Dada la estrecha relación que guarda el bienestar emocional con la felicidad (Barragán, 2013), la experimentación y cultivo de emociones positivas puede ser una estrategia efectiva en tiempos pandémicos. Como sugieren Jiménez et al. (2016), la mayor presencia de emociones positivas (alegría, tranquilidad, gratitud) beneficiará el afecto positivo, la felicidad y el nivel de compromiso que mantenemos con la vida. Así, mayores momentos de alegría, paz, risa, disfrute (entre otros), se traducirán en una mejor manera de interpretar los sucesos negativos, de valorar los éxitos y momentos significativos, de cambiar nuestras circunstancias personales en la medida de lo posible y de actuar en consonancia con el estado de ánimo predominante (sentirnos felices para actuar como personas felices).
Bienestar psicológico o eudaimónico	Con base en la teoría del bienestar psicológico de Ryff (Ryff y Singer, 2008), este bienestar se mantiene por medio de la actividad intencional sostenida (frecuente) de muy diversos elementos que conforman su teoría. Entre estos podemos destacar que la persona se esfuerce por mantener una actitud positiva hacia sí misma, ser independiente y autónoma, delimitar objetivos de vida, conservar relaciones estrechas con otros, visualizarse a sí misma en progreso (crecimiento), saber aprovechar las oportunidades, preocuparse por el bienestar de los demás, aceptar tanto los aspectos positivos como negativos de la situación, mantener una brújula interna (sensación de llevar un rumbo), estar abierta a nuevas experiencias, apreciar las mejoras individuales y mantener la sensación de control y competencia personal.
Bienestar físico	Seguir comportamientos preventivos en aras de la salud (distancia de seguridad entre personas, uso de cubrebocas, lavado de manos frecuente), predice el bienestar físico, además de promover el bienestar psicológico, la resiliencia y la disminución de sintomatología asociada al estrés postraumático (Sánchez-Hernández y Canales, 2020). Otra propuesta sugiere que dado que nuestro cuerpo está interconectado con diversos factores que afectan la salud física, los cuatro pilares más importantes para el cuidado y atención de la misma serían: relajación, alimentación, movimiento y sueño. La idea es conseguir un equilibrio entre todos los pilares, no buscar la perfección en cada uno de forma individual. Así ayudaremos a lograr las mejoras más destacables y lo más importante: hará que sean duraderas (Chatterjee, 2018).

Bienestar social	Los desafíos sociales son epítetos del funcionamiento óptimo en sociedad, por lo que darles significado, valor y reconocimiento justo en épocas de la pandemia contribuirá a aumentar nuestros niveles de bienestar. Definir criterios válidos de nuestra vida social tornándolos importantes y actuando en consecuencia, desembocará en individuos mentalmente sanos (Keyes, 1998; Lages et al., 2018). Se trata de reconocer que las otras personas importan (Peterson, 2006) y que pese a las limitaciones sociales presentes (aislamiento, distanciamiento social, disminución del contacto físico), el individuo en cuestión puede seguir forjando lazos de calidad con otros y con las consecuencias positivas que esto produce. Siguiendo esta línea y con base en la experiencia del SARS en 2003, la investigación de Maunder y sus colaboradores (2003) sugiere la conformación de redes sociales de apoyo por medio de las siguientes estrategias: apoyo telefónico por expertos en salud mental, identificar las necesidades de la familia y expresar los sentimientos con los demás.
Bienestar laboral	Desde antes de la pandemia, las empresas e instituciones han buscado implementar prácticas que promuevan el bienestar laboral (o de otros tipos), basadas en la investigación científica y entre las que se incluyen: disminución de cargas laborales, flexibilización en los horarios o técnicas de reducción del estrés como el *mindfulness* (Fessell y Cherniss, 2020). Además y en relación con la satisfacción con el trabajo, este tipo de bienestar se puede cultivar al incrementar la calidad en las relaciones de trabajo, la oportunidad de mostrar las fortalezas y habilidades con que contamos, la diversificación en las tareas, la autonomía y la autoexpresión (podernos expresar en el trabajo sin temor a represalias) (Bartolini, 2016).
Bienestar intelectual	Rashid (2005) sugiere diversas estrategias y aplicaciones prácticas, entre las que destacan: a) visitar un museo nuevo cada mes y escribir sobre lo aprendido, b) leer una novela nueva cada mes que nos resulte interesante, c) investigar sobre un tema nuevo visitando una biblioteca pública, d) seguir un acontecimiento de orden mundial o global a través de las noticias, periódicos o internet, e) visitar una exposición que nos resulte atrayente y f) concertar una cita con alguien para que ambos puedan aprender una habilidad nueva.

Bienestar financiero	Es evidente que la capacidad de llevar un buen control de nuestras finanzas (cuánto ganamos y cuánto gastamos) se traducirá en un aumento del bienestar financiero, de forma que nos sintamos seguros y satisfechos con el resultado. Asimismo, contar con un plan de respaldo, capacidad de ahorro para el futuro o el "saber gastar" de una forma responsable, serán estrategias de gran valor que no implican conocimientos especializados en finanzas o economía. Al final, se trata de que nos demos cuenta de que el dinero no reviste valor *per se*, sino que es un medio para obtener un fin. Así, si nos concentramos en los fines (utilidad última) que perseguimos al acumular riqueza, el beneficio podría ser mucho mayor. Pregúntate: ¿qué harás con ese ingreso o sueldo percibido? ¿Y eso que harás te reporta valor, gratificación o contribuye a tu bienestar en general? Quizás las respuestas te ayuden en más de un sentido.
Bienestar espiritual	Al cumplir con una función significativa de apoyo, esperanza, preservación y significado dentro de las situaciones de enfermedad terminal y cuidados paliativos, este tipo de bienestar puede fungir como una herramienta de trabajo para pacientes diagnosticados con covid-19, familiares cercanos y ante la pérdida derivada de la enfermedad. Además, las estrategias incluirán el fortalecimiento de la esperanza, el uso de historias y narrativas con significado y simbolismos espirituales, la revisión biográfica de la vida como se ha llevado hasta ahora y la búsqueda de la armonía interna, ya sea con el propio ser, con los demás o con un poder superior que esté acorde con las creencias religiosas (Sánchez-Herrera, 2009).

9. A MODO DE CIERRE

> *Vivir en bienestar es un río que fluye, cambia*
> *y toma direcciones distintas.* En consecuencia, no es solamente
> un manantial en el que permaneceremos cómodamente.
>
> RAMSÉS BARRAGÁN ESTRADA

LA PSICOLOGÍA EN LOS TIEMPOS QUE CORREN

La psicología positiva o psicología del bienestar aborda el estudio de lo que se ha denominado la *buena vida* (definida por el uso y cultivo de las fortalezas personales), la *vida con sentido* (a través de hallar el sentido de nuestra propia existencia y trascender) y la *vida placentera* (búsqueda de gratificaciones más que de placeres), términos que en años recientes desembocaron en una nueva teoría, PERMA, a la cual nos hemos referido a lo largo de este recorrido, en aras de tu salud mental, crecimiento, felicidad y desarrollo personal (florecimiento).

Hasta aquí podemos notar cómo este cúmulo de variables o campos de estudio ya era algo que les interesaba a las personas y buscaban por diferentes medios. A juzgar por lo ocurrido, me parece que incluso la psicología y otras ciencias tardaron una eternidad en abordar con profundidad el estudio de estos constructos para presentarle resultados confiables a la gente. De este modo los psicólogos veíamos que la superación personal, los motivadores, oradores y hasta la publicidad, nos ganaban la batalla (sin hacerlos ver como enemigos) desde su trinchera y lo que podían ofrecer, pero que, como hemos visto en la presente obra, carecían del uso del método científico para avalar y justificar cualquiera de sus propuestas.

Existe otra razón para que este campo y sus aplicaciones tomara forma: los tiempos que corren. A diferencia de lo ocurrido a principios y mediados del siglo pasado, ya no nos hallamos envueltos en conflictos bélicos constantes, la tranquilidad de las naciones es relativamente estable, el clima político (aunque controvertido hasta la fecha) no está tan deteriorado como antes, y la competitividad laboral (tanto de empresas como de individuos) son más comunes que los monopolios o el estancamiento (esto sin minimizar los problemas y crisis mundiales que surgen con cierta periodicidad). A consecuencia de este tipo de cambios (favorables en muchos casos), las personas, grupos, instituciones y hasta las sociedades en su conjunto podían ver mejores oportunidades de crecimiento, posibilidades de mejora, cuidado de la salud física y mental, calidad de vida, formación en virtudes y valores, desarrollo de nuevos proyectos creativos, modelos de prevención y, por supuesto, la mejor manera de alcanzar la felicidad y los conceptos asociados con esta.

La psicología del bienestar, entonces, se concentra en las experiencias positivas de la persona, como la consecución de logros, la autodeterminación, el crecimiento postraumático, las organizaciones saludables o las parejas exitosas. Propone y se dedica al estudio de rasgos de la personalidad: intimidad, liderazgo, felicidad, integridad, sabiduría y altruismo, entre muchos otros; así como al desarrollo del bienestar de las instituciones, grupos, organizaciones o comunidades, sin descuidar su contraparte negativa. Así, apoya los esfuerzos realizados por la psicología general y los complementa al argumentar que la conducta humana debe poner el mismo énfasis tanto en la reparación del daño como en la construcción de cualidades.

En mi trabajo, la adopción de este modelo siguió una línea parecida, que resultó ser el principal diferenciador de lo que se hace en la consultoría que hoy dirijo. Así, ofrecer servicios y soluciones integrales en la gestión del talento por medio del bienestar se volvió un objetivo organizacional no solo de innovación, sino de rutina y perfeccionamiento. Aunado a ello, conformó la filosofía institucional, el plan estratégico y el medio por el que aseguramos la calidad total en el servicio. La amplia gama de variables enmarcadas en esta corriente me permitía diseñar prácticas, metodologías, aplicaciones e intervenciones especializadas, según el ámbito al que las quisiese dirigir (como revisaremos más adelante). Por ejemplo, se conformó un catálogo de capacitaciones para las empresas con los temas que forman parte del quehacer diario de estas: "Manejo del estrés en el trabajo", "Habilidades directivas" o "Comunicación asertiva", pero en las que se incluirían técnicas, dinámicas y ejercicios desde lo que ya sabíamos sobre el bienestar laboral, emocional o cualquier otra dimensión que se delimitase como objetivo; pero además se incluyeron nuevas capacitaciones desarrolladas por el autor, que permitían ampliar el alcance de las empresas y que claramente también buscaban incrementar la productividad de los trabajadores, como se busca en cada programa de capacitación. Derivado de esta lógica aparecen en nuestro catálogo temas como "El bienestar a través de la fluidez en el trabajo", "Relaciones positivas personales y en el trabajo", "*Happy management* y salud óptima en la organización" o "Herramientas de apoyo y los pilares del bienestar".

Esta misma concepción de trascendencia y evolución de la psicología tradicional fue adoptada en mi trabajo clínico no como complemento o sustitución de tal o cual escuela en psicoterapia sino, como señalé más arriba, como una integración de esfuerzos colectivos y sistematizados. Comencé a preguntar a mis pacientes conforme avanzaban las sesiones y su progreso en la terapia: "¿Qué es estar bien?" aunado a las clásicas preguntas: "¿ha desaparecido el malestar?" o al "¿ya te sientes mejor?", sin que esto extendiese el tratamiento o intentase obligarlos a "estar felices" (véase la crítica a la psicología positiva de la mano de Barbara Ehrenreich: *sonríe o muere*). Sin embargo, noté casi de inmediato que al incluir estas preguntas los pacientes hablaban más sobre su crecimiento individual, sobre sus metas y sus razones de vivir; hablaban sobre los recursos (fortalezas) con los que contaban y cómo el cultivo de sus emociones positivas (como la esperanza, la fe o el optimismo) les permitían encontrar un sentido de vida más pleno y que sin esas preguntas (a modo de intervenciones) no se hubiesen podido ver reflejadas con tal magnitud y alcance. Incluso recuerdo la primera vez que en una terapia de pareja y a diferencia de mis intervenciones anteriores con otras, pude trabajar el tema "¿de qué se conforman los matrimonios exitosos?" con base en los hallazgos científicos de este nuevo campo y a sabiendas de que sería una herramienta de alto valor para los pacientes en cuestión que deseaban seguir las prácticas de lo que hacen los matrimonios saludables. De esta forma, el paradigma de la ciencia del bienestar también se insertaba en la vida profesional del autor y su equipo, como se documenta a lo largo de este libro.

UNA ACOTACIÓN PARA LOS PROFESIONALES DE LA SALUD MENTAL

Como psicoterapeutas, contamos con esquemas, lineamientos y pautas de interacción entre el cliente o paciente y las intervenciones que se realizan dentro y fuera del consultorio clínico. Ya sea como prescripciones, tareas terapéuticas, ejercicios o invitaciones, los psicólogos con entrenamiento clínico tendremos que intervenir en algún momento para lograr pasar de la mera enunciación de un diagnóstico (D^x) a lo que solemos llamar en los modelos médicos "tratamiento" (T^x). Con base en lo anterior, las estrategias de intervención que aparecen en las siguientes páginas pertenecen claramente a este campo y están dispuestas para su utilización bajo la lente crítica de cualquier profesional de la salud. Dicho de otro modo, pueden ser sometidas a la comprobación empírica en cualquier momento y desde cualquier escuela de psicoterapia. ¿Falsa presunción? En lo absoluto: de lo que se trata es de potenciar recursos en los pacientes por medio de todo lo aquí expuesto, y no de enfrascarnos en las eternas (y ya desgastantes) discusiones de qué psicoterapia es más eficaz.

Esto último también responde el punto anterior: podemos utilizar las presentes estrategias como tareas terapéuticas (también llamadas *prescripciones*) o durante la sesión que estamos llevando a cabo. La diferencia estriba en la pericia del psicoterapeuta, pues veremos que en ocasiones no es el momento de introducir la intervención y es preferible asignarla como tarea o viceversa (incluso a veces se detona como intervención y se asigna como tarea como parte del refuerzo positivo). Claramente usted verá (suponiendo que en estos momentos le hablo al profesional de la salud mental) que las estrategias se enfocan a distintos constructos, grupos u objetivos, por lo que convendría clasificarlas según sus fines y población a la que están dirigidas.

Los pacientes valoran y persiguen las metas encaminadas al bienestar, y no porque se les haya "vendido" en los medios o la publicidad. Me parece que es una respuesta adaptativa y evolutiva como especie, que habremos de perseguir con mayor ahínco en las siguientes generaciones. Así me lo externan ellos mismos y sin que haya hecho yo referencia alguna a la psicoterapia positiva. Han aprendido a buscar "cosas mejores", como ser buenos esposos, personas dotadas de metas, gente con un propósito y un sentido de vida mejor definido, trabajadores con posibilidades de ascenso, estudiantes por vocación y no por obligación. Son personas que acuden a consulta para la atención de sus problemáticas particulares, pero también porque saben que hay algo más que disminuir o erradicar el malestar.

He usado las presentes intervenciones en gran variedad de casos con resultados a veces distintos, pero sumamente efectivos. Una vez que se cuenta con cierto grado de empatía y confianza entre ambas partes (paciente o cliente y psicoterapeuta), estas pueden volverse hábitos y rutinas que fungirán como mecanismos de protección (una especie de vacuna). Además, he podido descubrir que una intervención bien valorada por los pacientes se amplía a otros contextos y ambientes con resultados similares. O bien, la técnica que fue introducida durante la sesión de trabajo siguiendo una metodología exacta y bien delimitada por un servidor, encuentra variedad en el paciente, quien refiere: "Ahora hago mi vida ideal (intervención número 6) no solo de forma escrita, sino que una vez al mes planeo un día para llevarla a cabo de la forma más parecida a como la he plasmado en el papel".

También es cierto que los pacientes "resistentes" (o los lectores muy críticos de este libro) podrían tardar más en encontrar beneficios de tal o cual intervención. Esto no es diferente a cualquier otra técnica de cualquier otra escuela en psicoterapia: los profesionales de la salud mental lidiamos con eso todo el tiempo, con explicaciones y resultados diversos. Sin embargo, algo que me ha resultado de gran utilidad con este tipo de casos es el hecho de saberme "aliar con la crítica". Para ello, suelo expresarle al paciente de viva voz que estoy de acuerdo con su escepticismo y que lo más probable es que las intervenciones aquí descritas no le funcionen, pero que por eso mismo es de vital importancia que las "ponga a prueba" como un hecho confirmatorio de su ineficacia (lo que en términos sistémicos se conoce como *paradoja*). De esta forma venzo su resistencia, el paciente lleva a cabo la actividad y los resultados podrían ser otros.

Otra mención que hago al paciente acerca de las intervenciones en psicología del bienestar es la necesidad de adaptarlas a su propia realidad, circunstancias y características de personalidad, para que tengan sentido para ellos. Por ejemplo: las intervenciones dirigidas a promover habilidades sociales serán diferentes para introvertidos, extrovertidos o aquellos que disfrutan de llamar la atención por cualquier medio existente. Aunque la estrategia es abierta y, como verá el lector, bastante sencilla de llevar a cabo, resultará mejor evaluar quiénes somos y quiénes queremos ser a partir del trabajo en el bienestar. Asimismo, las circunstancias nos ayudan mejor en algunos momentos de nuestra vida que en otros, por lo que debemos ser conscientes de aquellas áreas de vida que nos favorecen más en el presente.

Destaco, para concluir este apartado, el gran valor que tiene en el contexto clínico poder hablar y trabajar de la mano del paciente, lo que está bien. Hablar de lo que les salió bien, de cómo fortalecieron su relación de pareja, de cómo mejoró su entusiasmo por la vida, de la utilización de fortalezas en su vida diaria; resulta muy gratificante, motivante y esperanzador. La vida tiene cosas maravillosas y los desafíos de la misma no tienen que opacar nuestro brillo o el deseo de ser personas felices. Aunque sigo atendiendo a muchos pacientes que no creen en lo anterior o lo ven como una posibilidad muy remota, concluir una sesión en la que el malestar disminuyó por cualquiera de las presentes técnicas e intervenciones positivas es un logro destacado que busco repetir una y otra vez. Al final y luego de la suma de pequeños esfuerzos constantes, veo a pacientes resilientes, generadores de emociones positivas y que saben construir recursos duraderos en aras de su propio bienestar y el cuidado de su salud mental.

Un camino alentador para ti y para todos

La psicología del bienestar ha marcado el rumbo y dirección de mucho de lo que nos ocupa en la actualidad, no solo en los ámbitos aquí abordados, sino en muchos otros de los que diariamente se publican resultados y nuevos hallazgos. A este respecto, un servidor no ha buscado más que reportar algunos de estos avances con base en los modelos y metodologías más confiables. Asimismo, se han presentado una serie de intervenciones que seguirán siendo sometidas a pruebas y que darán pie a la creación de otras. Por ejemplo, la presente obra podría ser la punta de lanza de futuras publicaciones que profundicen en los ámbitos aquí descritos de tal manera que podamos incluir otros modelos igualmente detallados, propuestas originales, instrumentos de medición e intervenciones altamente especializadas. La idea es simple y ya la conocen de tanto que la he repetido: compartir la ciencia y contagiarnos de sus efectos.

Por otro lado, el diseño de teorías unificadas será un imperativo en los próximos años y en diferentes ciencias comportamentales. Sin eso, la psicología del bienestar corre el riesgo de ser vista como fragmentos de "algo" que no encaja en ningún otro sitio, por eso el modelo PERMA, el modelo HERO de Salanova o la teoría de ampliación y construcción de las emociones positivas reportan un gran valor para el futuro cercano del que debemos valernos con base en su fuerza y solidez teórica y metodológica, porque aún tenemos que lidiar con el sentido común de la gente, la explicación de lo que es y no es la psicología positiva, y con los autores que, sin ser expertos en las ciencias de la conducta, nos ofrecen manuales de autoayuda que se venden como un decálogo de qué hacer y qué no hacer para ser feliz, ser productivo, ser rico o cuestiones similares.

La psicología del bienestar debe continuar la ruta trazada: atender el malestar desde lo que ya sabemos del bienestar, porque no podemos darnos el lujo de ralentizar los esfuerzos o pensar que sabemos lo suficiente. Para muestra un botón: los trastornos mentales siguen en aumento, la depresión pronto se volverá la enfermedad más incapacitante del planeta, el *bullying* y el *mobbing* continuarán su ascenso; en fin, existen muchísimas problemáticas que debemos atender en las escuelas, empresas y con los pacientes que están ahí y que no van a desaparecer solas o ignorándolas. Así, las investigaciones y estrategias encaminadas al uso de fortalezas nos deben servir para atender los muy diversos motivos de consulta de los involucrados; las metodologías en gestión del talento tienen que atender el estrés excesivo en el trabajo o las enfermedades psicológicas asociadas al mismo; las técnicas de aprecio de la belleza y la excelencia deben contribuir a disminuir los prejuicios y la discriminación; el desarrollo de estrategias para la inteligencia emocional deberán ayudar con el trabajo de líderes déspotas o autoritarios en exceso.

La meta es ambiciosa, pero considero firmemente que hemos tomado el camino adecuado. Por ejemplo, es alentador saber que a diario se suman profesionales de todo tipo a esta corriente de la psicología, aportando cada uno, y en la medida de lo posible, al cuerpo teórico que sirve como pilar y palanca de avance. Sin duda, esta obra es un reflejo de ello y confío en que sirva al lector para poner "manos a la obra" y no quedarse solamente en el "decir", como a veces ocurre con los libros que son devueltos a la repisa.

Al final, recordemos que es una guía que debe ponerse en práctica diariamente, como un fluir constante y que persigue la meta de nuestro crecimiento, capacidad de logro y autoactualización. Y si lo anterior se ha logrado, entonces se ha cumplido el propósito de este libro y la particular misión de vida de este autor: ayudar a los demás.

Bibliografía

Abendroth, A.K. y den Dulk, L. (2011). "Support for the Work-life Balance in Europe: The Impact of State, Workplace and Family Support on Work-life Balance Satisfaction", *Work, Employment and Society*, 25(2), pp. 234-256.
Aked, J., Marks, N., Cordon, C. y Thompson, S. (2008). *Five Ways to Well-being: The Evidence*. Londres: New Economics Foundation.
Barragán-Estrada, A.R. (2012). "Psicología positiva y humanismo: premisas básicas y coincidencias en los conceptos", *Revista Electronica de Psicologia Iztacala*, 15(4).
Barragán-Estrada, A.R. (2013). "Aproximaciones científicas al estudio de la felicidad: ¿qué podemos aprender de la felicidad?", *Revista Intercontinental de Psicología y Educación*, 15(2).
Barragán-Estrada, A.R. (2019). *Psicología del bienestar: guía de intervenciones clínicas, educativas y organizacionales*. Editorial Académica Española.
Barragán-Estrada, A.R. (2021). "Florecimiento y salud mental óptima en tiempos de covid-19", *Revista Psicología Iberoamericana*, 29(1).
Barragán-Estrada, A.R. y Martínez, C.I.M. (2014). "Psicología de las emociones positivas: generalidades y beneficios", *Enseñanza e Investigación en Psicología*, 19(1), pp. 103-118.
Barrios Casas, S. y Paravic Klijn, T. (2006). "Promoción de la salud y un entorno laboral saludable", *Revista Latino-Americana de Enfermagem*, 14(1), pp. 136-141.
Bartolini, S. (2016). "Manifiesto por la felicidad. El cambio de una sociedad materialista a una de Bienestar", en D. Gómez-Álvarez y V. Ortiz-Ortega (Eds.). *Políticas y bienestar subjetivo*, pp. 35-73. Barcelona: Paidós.

Baumgardner, S. y Crothers, M. (2014). *Positive Psychology*. Nueva Delhi: Pearson Education India.
Benjet C., Medina-Mora M.E., Borges, G., Zambrano-Ruiz J. y Aguilar-Gaxiola S. (2009). "Youth Mental Health in a Popolous City of the Developing World: Results from the Mexican Adolescent Mental Health Survey", *Journal of Child Psychology and Psychiatry*, 50, pp. 386-395.
Berger, C., Milicic, N., Alcalay, L. y Torretti, A. (2014). "Programa para el bienestar y aprendizaje socioemocional en estudiantes de tercero y cuarto grado: descripción y evaluación de impacto", *Revista Latinoamericana de Psicologia*, 46(3), pp. 169-177.
Boehm, J.K. y Lyubomirsky, S. (2009). "The Promise of Sustainable Happiness", *Journal of Personality and Social Psychology*, 71, pp. 796-809.
Boniwell, I. (2012). *Positive Psychology in a Nutshell: The Science of Happiness*, Londres: McGraw-Hill Education.
Brackett, M.A., Mayer, J.D., y Warner, R.M. (2004). "Emotional Intelligence and the Prediction of Behavior", *Personality and Individual Differences*, 36, pp. 1387-1402.
Brooks, S.K., Webster, R.K., Smith, L.E., Woodland, L., Wessely, S., Greenberg, N. y James, G. (2020). "The Psychological Impact of Quarantine and How to Reduce It: Rapid Review of the Evidence", *Lancet*, 395(10227), pp. 912-920.
Bryant, F.B. y Veroff, J. (2007). *Savoring: A New Model of Positive Experience*. Mahwah: Lawrence Erlbaum Associates.
Carbone, S.R. (2020). "Flattening the Curve of Mental Ill-health: The Importance of Primary Prevention in Managing the Mental Health Impacts of covid-19", *Mental Health y Prevention*, 19, 200185.
Carrillo, S., Feijóo, M.L., Gutiérrez, A., Jara, P. y Schellekens, M. (2017). "El papel de la dimensión colectiva en el estudio de la felicidad", *Revista Colombiana de Psicología*, 26(1), pp. 115-129.
Casales, J. (2004). *Psicología social*. La Habana: Editorial Félix Varela.
Chatterjee, R. (2018). *The Four Pillar Plan. How to Relax, Eat, Move and Sleep Your Way to a Longer, Healthier Life*. Barcelona: Urano.
Csikszentmihalyi, M. (1990). *Flow: The Psychology of Optimal Experience*. Nueva York: Harper & Row.
Csikszentmihalyi, M. (1997). *Finding Flow: The Psychology of Engagement with Everyday Life*. Nueva York: Basic Books.
Deci, E.L. y Ryan, R.M. (2008). "Self-determination Theory: A Macrotheory of Human Motivation, Development, and Health", *Canadian*

psychology/Psychologie canadienne, 49(3), pp. 182. DOI: http://dx.doi.org/10.1037/a0012801

Delle Fave, A. y Fava, G.A. (2011). "Positive Psychotherapy and Social Change", en R. Biswas-Diener (ed.). *Positive Psychology as Social Change* (pp. 267-291). Dordrecht: Springer.

Díaz, D., Blanco, A., Horcajo, J. y Valle, C. (2007). "La aplicación del modelo del estado completo de salud al estudio de la depresión", *Psicothema*, 19(2), pp. 286-294.

Diener, E. (2000). "Subjective Well-Being: The Science of Happiness and a Proposal for a National Index", *American Psychologist*, 55(1), pp. 34-43. https://doi.org/10.1037/0003-066X.55.1.34

Diener, E., Suh, E.M., Lucas, R.E. y Smith, H.L. (1999). "Subjective Well-Being: Three Decades of Progress", *Psychological Bulletin*, 125(2), pp. 276-302.

Diener, E., Kahneman, D., Arora, R., Harter, J. y Tov, W. (2009). "Assessing Well-Being", en *Income's Differential Influence on Judgments of Life Versus Affective Well-Being*, (pp. 233-246). Dordrecht: Springer.

Diener, E., Lucas, R.E., y Scollon, C.N. (2009). "Beyond the Hedonic Treadmill: Revising the Adaptation Theory of Well-Being", en *The Science of Well-Being* (pp. 103-118). Dordrecht: Springer.

Duncan, B.L. y Miller, S.D. (2000). "The Client's Theory of Change: Consulting the Client in the Integrative Process", *Journal of Psychotherapy Integration*, 10(2), pp. 169-187.

Dunn, E.W., Aknin, L.B. y Norton, M.I. (2008). "Spending Money on Others Promotes Happiness", *Science*, 319(5870), pp. 1687-1688.

Escobedo, P. S. (2008). *Psicología clínica*. México: El Manual Moderno.

Esfahani, E. (2019). *El arte de cultivar una vida con sentido*. Barcelona: Urano.

Faiver, C., Ingersoll, R.E., O'Brien, E. y McNally, C. (2001). *Explorations in Counseling and Spirituality*. Belmont: Wadsworth/ Thomson Learning.

Fava, G.A., Cosci, F., Guidi, J. y Tomba, E. (2017). "Well-Being Therapy in Depression: New Insights into the Role of Psychological Well-Being in the Clinical Process", *Depression and Anxiety*, 34, pp. 801-808. DOI: http://dx.doi.org/10.1002/da.22629

Fessell, D. y Cherniss, C. (2020). "Enfermedad por coronavirus 2019 (covid-19) y más allá: Microprácticas para la prevención del agotamiento emocional y promover el bienestar emocional", *Journal of the American College of Radiology*, 17(7), pp. e37-e39.

Flora, C. (2009). "The Pursuit of Happiness", *Psychology Today*. https://

www.psychologytoday.com/us/articles/200901/the-pursuit-happiness
Fredrickson, B. (2009). *Positivity: Top-Notch Research Reveals The 3-To-1 Ratio that Will Change Your Life*. Nueva York: Harmony.
Fredrickson, B.L. y Losada, M.F. (2005). "Positive Affect and the Complex Dynamics of Human Flourishing", *American Psychologist*, 60(7), pp. 678-686.
Fuenzalida, M. y Ruiz-Tagle, J. (2009). "Riesgo financiero de los hogares", *Economía Chilena*, 12(2).
Gallego Quiceno, D.E., Bustamante Penagos, L.E., Quintero Arango, L.F., Jiménez Sánchez, J.I. Echeverri Gutiérrez, C.A. (2018). "La importancia de los recursos financieros personales y su relación con la inteligencia financiera: revisión documental", *Revista Virtual Universidad Católica del Norte*, 55, pp.173-191.
García-Alandete, J. (2014). "Psicología positiva, Bienestar y calidad de vida", *En-claves del Pensamiento*, 8(16), pp. 13-29.
Godoy, C.G.Z. (2004). "La psicología positiva: un cambio en nuestro enfoque patológico clásico", *Liberabit. Revista de Psicología*, 10, pp. 82-88.
Goleman, D. (1997). *La salud emocional: conversaciones con el Dalái Lama sobre la salud, las emociones y la mente*. Barcelona: Kairós.
Gómez, M.A.B., Isaza, D.P., Gutiérrez, M.C.Q. y Quintero, J.D.Z. (2016). "Factores influyentes en el Bienestar de los individuos en un contexto laboral", *Revista Electrónica Psyconex*, 8(12), pp. 1-9.
Grant, A.M., Campbell, E.M., Chen, G., Cottone, K., Lapedis, D. y Lee, K. (2007). "Impact and the Art of Motivation Maintenance: The Effects of Contact with Beneficiaries on Persistence Behavior", *Organizational Behavior and Human Decision Processes*, 103(1), pp. 53-67.
Graves, L.M., Ohlott, P.J. y Ruderman, M.N. (2007), "Commitment to Family Roles: Effects on Managers' Attitudes and Performance", *Journal of Applied Psychology*, 92(1), pp. 44-56.
Hernández, G.C., Galvis, S.M.M. y Narváez, K.Y.T. (2003). "Cultura organizacional y bienestar laboral", *Cuadernos de Administración*, 16(25), pp. 109-137.
Hervás, G. y Vazquez, C. (2008). *Psicologia positiva aplicada*. Bilbao: Desclée de Brouwer.
Huppert, F.A. y So, T.T. (2013). "Flourishing across Europe: Application of a New Conceptual Framework for Defining Well-Being", *Social Indicators Research*, 110(3), pp. 837-861.
Instituto Nacional de Psiquiatría Ramón de la Fuente Muñiz (2018).

Panorama epidemiológico de los trastornos mentales, su impacto entre el balance trabajo familia. http://www.imss.gob.mx/sites/all/statics/salud/estreslaboral/1erjornada/07-Panorama-Trastornos-Mentales.pdf

Jiménez, M.G., Izal, M. y Montorio, I. (2016)."Programa para la mejora del bienestar de las personas mayores. Estudio piloto basado en la psicología positiva", *Suma Psicológica*, 23(1), pp. 51-59.

Kahneman, D., Krueger, A.B., Schkade, D., Schwarz, N. y Stone, A. (2004)."Toward National Well-Being Accounts", *American Economic Review*, 94(2), pp. 429-434.

Keyes, C.L.M. (1998). "Social Well-Being", *Social Psychology Quarterly*, 61, pp. 121-140.

Keyes, C.L.M. (2002)."The Mental Health Continuum: From Languishing to Flourishing in Life", *Journal of Health and Social Behavior*, 43, pp. 207-222.

Keyes, C.L.M. (2005). "Flourishing: Positive Psychology and the Life Well-Lived", en C.L.M. Keyes y J. Haidt (eds.), Washington, D.C.: American Psychology Association.

Keyes, C. L. (2010)."Flourishing", en E. Craighead y C. Nemeroff (eds.). *The Corsini Encyclopedia of Psychology*. Hoboken: Wiley.

Kimble, C., Hernández, J.C.P. y Díaz-Loving, R. (2002). *Psicología social de las Américas*. México: Pearson Educación.

King, L.A. y Napa, C.K. (1998)."What Makes a Life Good?", *Journal of Personality and Social Psychology*, 75(1), pp. 156-165.

Kitayama, S. y Markus, H.R. (2000)."The Pursuit of Happiness and the Realization of Sympathy: Cultural Patterns of Self, Social Relations, and Well-Being", en E. Diener y E.M. Suh (eds.). *Culture and Subjective Well-Being* (pp. 113-161). Cambridge: The MIT Press.

Koydemir, S., Sökmez, A.B. y Schütz, A. (2020). "A Meta-Analysis of the Effectiveness of Randomized Controlled Positive Psychological Interventions on Subjective and Psychological Well-Being", *Applied Research in Quality of Life*. https://www.researchgate.net/publication/338344339_A_Meta-Analysis_of_the_Effectiveness_of_Randomized_Controlled_Positive_Psychological_Interventions_on_Subjective_and_Psychological_Well-Being

Lages, A., Magalhães, E., Antunes, C. y Ferreira, C. (2018). "Social Well-Being Scales: Validity and Reliability Evidence in the Portuguese Context". https://psycnet.apa.org/record/2019-14536-002

Lambert, N., Gwinn, A.M., Stillman, T.F. y Fincham, F.D. (2011). "Feeling Tired?: How Sharing Positive Experiences Can Boost Vitality", *International Journal of Wellbeing*, 1(3), pp. 307-314.

Lamers, S.M., Westerhof, G.J., Bohlmeijer, E.T., ten Klooster, P.M., y Keyes, C.L. (2011). "Evaluating the Psychometric Properties of the Mental Health Continuum-Short Form (MHC-SF)", *Journal Of Clinical Psychology*, 67(1), pp. 99-110.

Lazarus, R.S. (2003). "Does the Positive Psychology Movement Have Legs?", *Psychological Inquiry*, 14(2), pp. 93-109.

Lomas, T. (2016). "Flourishing as a Dialectical Balance: Emerging Insights from Second-Wave Positive Psychology", *Palgrave Communications*, 2(1), pp. 1-5.

Lyubomirsky, S. (2008). *La ciencia de la felicidad. Un método probado para conseguir el bienestar*. México: Urano.

Lyubomirsky, S., Tkach, C. y DiMatteo, M.R. (2006). "What Are the Differences Between Happiness and Self-Esteem", *Social Indicators Research*, 78(3), pp. 363-404. http://dx.doi.org/10.1007/s11205-005-0213-y

Magnus, K., Diener, E., Fujita, F. y Pavot, W. (1993). "Extraversion and Neuroticism as Predictors of Objective Life Events: A Longitudinal Analysis", *Journal of Personality and Social Psychology*, 65(5), 1046-1053. http://dx.doi.org/10.1037/0022-3514.65.5.1046

Mariñelarena-Dondena, L. y Gancedo, M. (2011). "La psicología positiva: su primera década de desarrollo", *Diálogos. Revista Científica de Psicología, Ciencias Sociales, Humanidades y Ciencias de la Salud*, 2(1), pp. 67-77.

Maunder, R., Hunter, J., Vincent, L., Bennett, J., Peladeau, N., Leszcz, M. et al. (2003). "The Immediate Psychological and occupational impact of the 2003 SARS Outbreak in a Teaching Hospital. *Canadian Medical Association Journal*, 168(10), pp. 1245-1251.

McCullough, M.E., Emmons, R.A. y Tsang, J.A. (2002). "The Grateful Disposition: A Conceptual and Empirical Topography", *Journal of Personality and Social Psychology*, 82(1), 112-127.

McGregor, I. y Little, B.R. (1998). "Personal Projects, Happiness, and Meaning: On Doing Well and Being Yourself", *Journal of Personality and Social Psychology*, 74(2), 494-512.

Meevissen, Y.M., Peters, M.L. y Alberts, H.J. (2011). "Become More Optimistic by Imagining a Best Possible Self: Effects of a Two Week Intervention", *Journal of Behavior Therapy and Experimental Psychiatry*, 42(3), pp. 371-378.

Mei-Chuan, W., Lightsey, O.R., Pietruszka, T., Uruk, A.C. y Wells, A.G. (2007). "Purpose in Life and Reasons for Living as Mediators of the Relationship Between Stress, Coping, and Suicidal Behavior", *The Journal of Positive Psychology*, pp. 2(3), 195-204.
Michalec, B., Keyes, C.L.M. y Nalkur, S. (2009). "Flourishing", en S.J. Lopez (ed.), *The Encyclopedia of Positive Psychology*, (pp. 391-394). West Sussex: WileyBlackwell.
Neimeyer, R.A. (2000). *"Narrative Disruptions in the Construction of the Self"*, en R.A. Neimeyer y J.D. Raskin (eds.). *Constructions of Disorder: Meaning-Making Frameworks for Psychotherapy* (pp. 207-242). Washington, D.C.: American Psychological Association.
Nozick, R. (1974). *Anarchy, State, and Utopia*. Nueva York: Basic Books.
OMS, Organización Mundial de la Salud (1948). Constitución de la Organización Mundial de la Salud. http://www.who. int/gb/bd/ PDF/bd46/s-bd46_p2.pdf
OMS, Organización Mundial de la Salud (2020). Salud mental. Fortalecer nuestra respuesta. https://www.who.int/es/news-room/fact-sheets/detail/mental-health-strengthening-our-response#:~:text=La%20salud%20mental%20es%20un%20estado%20de%20Bienestar%20en%20el,de%20contribuir%20a%20su%20comunidad
Park, N., Peterson, C. y Seligman, M.E. (2004). "Strengths of Character and Well-Being", *Journal of Social and Clinical Psychology*, 23(5), pp. 603-619.
Park, N. y Peterson, C. (2006). "Moral Competence and Character Strengths Among Adolescents: The Development and Validation of the Values in Action Inventory of Strengths for Youth", *Journal of Adolescence*, 29, pp. 891-905.
Park, N. y Peterson, C. (2009). "Character Strengths: Research and Practice", *Journal of College and Character*, 10(4).
Park, N., Park, M. y Peterson, C. (2010). "When Is the Search for Meaning Related to Life Satisfaction?", *Applied Psychology: Health and Well-Being*, 2(1), pp. 1-13.
Park, N. Peterson, C. y Sun, J.K. (2013). "La psicología positiva: investigación y aplicaciones", *Terapia Psicológica*, 31(1), pp. 11-19.
Pennebaker, J.W. (1997). "Writing About Emotional Experiences as a Therapeutic Process", *Psychological Science*, 8, pp. 162-166.
Pennebaker, J.W. (2018). "Expressive Writing in Psychological Science", *Perspectives on Psychological Science*, 13(2), pp. 226-229.
Pérez-Sales, P. (2009). "Psicoterapia positiva en situaciones adversas", en

C. Vazquez y G. Hervás (eds.). *Psicologia positiva aplicada* (pp. 155-190). Bilbao: Desclée de Brouwer.
Peters, M.L., Mevissen,Y.M. y Hanssen, M.M. (2013). "Specificity of the Best Possible Self Intervention for Increasing Optimism: Comparison with a Gratitude Intervention", *Terapia Psicológica*, 31(1), pp. 93-100.
Peterson, C. (2006). *A Primer in Positive Psychology*. Oxford: Oxford University Press.
Peterson, C. y Seligman, M.E.P. (2004). *Character Strengths and Virtues: A Handbook and Classification*. Washington, D.C.: American Psychological Association.
Peterson, C., Park, N. y Seligman, M.E. (2005). "Orientations to Happiness and Life Satisfaction:The Full LifeVersus the Empty Life", *Journal of Happiness Studies*, 6(1), pp. 25-41.
Peterson, C., Park, N. y Seligman, M.E.P. (2006). "Greater Strengths of Character and Recovery from Illness", *The Journal of Positive Psychology*, 1, pp. 17-26.
Prada, E.C. (2005). Psicología positiva y emociones positivas. Revista *Electrónica Psicología Positiva*. http: www.psicologia positiva/revistahtm/
Ramírez,A.Á. y López,V.R. (2014). "Contrato psicológico y bienestar laboral", *Páginas: Revista Académica e Institucional de la UCPR*, 95, pp. 61-70.
Rashid,T. y Anjum,A. (2005). 340 Ways to UseVIA Character Strengths. http://www.viastrengths.org/Applications/Exercises/tabid/132/Default.aspx
Rasmussen, H.N. y Pressman S.D. (2009). "Physical Health", en S.J. Lopez. *The Encyclopedia of Positive Psychology*, pp. 695-701. NuevaYork: John Wiley and Sons.
Remor, E.,Amorós-Gómez, M. y Carrobles, J.A. (2010). "Eficacia de un programa manualizado de intervención en grupo para la potenciación de las fortalezas y recursos psicológicos", *Anales de Psicología*, 26(1), pp. 49-57.
Robbins, S. (1994). "Comportamiento organizacional, conceptos, controversias y aplicaciones", en *Comportamiento organizacional* (cap. XIII). México: Prentice Hall.
Ryff, C.D. y Singer, B.H. (2008). "Know Thyself and Become What You Are: A Eudaimonic Approach to Psychological Well-Being", *Journal of Happiness Studies*, 9(1), pp. 13-39. DOI: http://dx.doi.org/10.1007/s10902-006-9019-0
Salanova, M. y Schaufeli,W. (2009). *El engagement en el trabajo: cuando el*

trabajo se convierte en pasión. Madrid: Alianza.
Salanova, M., Llorens, S., Acosta, H. y Torrente, P. (2013). "Positive Interventions in Positive Organizations", *Terapia Psicológica*, 31(1), pp. 101-113.
Salanova, M.S. y Llorens, G.S. (2016). "Hacia una psicología positiva aplicada", *Papeles del Psicólogo*, 37(3), pp. 161-164.
Salovey, P., Detweiler-Bedell, B.T., Detweiler-Bedell, J.B. y Mayer, J.D. (2008)."Emotional intelligence", en M. Lewis, J.M. Haviland Jones y L. Friedman (eds.). *Handbook of Emotions*. Nueva York: Guilford Press.
Sánchez-Aragón, R. (2009). "Efectos diferenciales del bienestar subjetivo, autorrealización y celos en las fases del amor pasional", *Enseñanza e Investigación en Psicología*, 14(1), pp. 5-21.
Sánchez-Hernández, O. y Canales, A. (2020). "Eficacia y satisfacción del programa resiliencia y bienestar: quédate en casa. La psicología en tiempos de cuarentena y pandemia", *Revista de Psicoterapia*, 31(117), pp. 381-398.
Sánchez-Herrera, B. (2009). "Bienestar espiritual de enfermos terminales y de personas aparentemente sanas", *Investigación y Educación en Enfermería*, 27(1), pp. 86-95.
Schaufeli, W.B., Salanova, M., González-Romá, V. y Bakker, A.B. (2002). "The Measurement of Engagement and Burnout: A Two Sample Confirmatory Factor Analytic Approach", *Journal of Happiness Studies*, 3(1), pp. 71-92.
Seligman, M. E. (2011). *Florecer. La nueva psicología positiva y la búsqueda del bienestar*. México: Océano.
Seligman, M.E.P., Steen, T.A., Park, N. y Peterson, C. (2005). "Positive Psychology Progress: Empirical Validation of Interventions", *American Psychologist*, 60(5), pp. 410-421.
Shalock, R. y Verdugo, M.A. (2003). *Calidad de vida. Manual para profesionales de la educación, salud y servicios sociales*. Madrid: Alianza.
Sheldon, K.M., Elliot, A.J., Kim, Y. y Kasser, T. (2001). "What is Satisfying About Satisfying Events? Testing 10 Candidate Psychological Needs", *Journal of Personality and Social Psychology*, 80(2), pp. 325-339.
Sheldon, K., Fredrickson, B., Rathunde, K., Csikszentmihalyi, M. y Haidt, J. (2000). *Akumal manifesto*. Positive Phsycology Center.
Sheldon, K.M. y Niemiec, C.P. (2006). "It's Not Just the Amount that Counts: Balanced Need Satisfaction Also Affects Well-Being", *Journal of Personality and Social Psychology*, 91, pp. 331-341.
DIF, Sistema Nacional para el Desarrollo Integral de la Familia (2020).

Día mundial de la lucha contra la depresión. https://www.gob.mx/difnacional/documentos/dia-mundial-de-la-lucha-contra-la-depresion?idiom=es

Steger, M.F. (2009). "*Meaning in Life*", en S.J. Lopez y C.R. Snyder (eds.), *Oxford Handbook of Positive Psychology* (pp. 679-687). Oxford: Oxford University Press.

Tosi, H.L. y Pilati, M. (2011). *Managing Organizational Behavior: Individuals, Teams, Organization and Management*. Londres: Edward Elgar Publishing.

Tsong-Kha-Pa (2000). *The Great Treatise on the Stages of the Path to Enlightenment*, vol. 1: *The Lamrim Chenmo*. Nueva York: Snow Lion Publications.

Vázquez, C., Hervás, G. y Ho, S. (2006). "Intervenciones clínicas basadas en la psicología positiva: fundamentos y aplicaciones", *Psicología Conductual*, 14(3), pp. 401-432.

Vázquez, C., Hervás, G. y Pérez-Sales, P. (2008). "Chronic Thought Suppression and Posttraumatic Symptoms: Data from the Madrid March 11, 2004 Terrorist Attack", *Journal of Anxiety Disorders*, 22(8), pp. 1326-1336.

Veenhoven, R. (2000). "The Four Qualities of Life", *Journal of Happiness Studies*, 1(1), pp. 1-39.

Veenhoven, R. (2016). "El principio de la mayor felicidad. La felicidad como un objetivo de la política pública", en D. Gómez-Álvarez y V. Ortiz-Ortega (eds.). *Políticas y bienestar subjetivo* (pp. 77-104). Barcelona: Paidós.

Viswesvaran, C., Sanchez, J.I. y Fisher, J. (1999). "The Role of Social Support in The Process of Work Stress: A Meta-Analysis", *Journal of Vocational Behavior*, 54(2), pp. 314-334.

Vittersø, J., Søholt, Y., Hetland, A., Thoresen, I. A. y Røysamb, E. (2010). "Was Hercules Happy? Some Answers from a Functional Model of Human Well-Being", *Social Indicators Research*, 95(1). DOI: http://dx.doi.org/10.1007/s11205-009-9447-4

Waldinger, R. (2015). "What Makes a Good Life. Lessons From the Longest Study on Happiness. https://www.ted.com/talks/robert_waldinger_what_makes_a_good_life _lessons_from_the_longest_study_on_happiness

Westerhof, G.J. y Keyes, C.L. (2010). "Mental Illness and Mental Health: The Two Continua Model Across the Lifespan", *Journal of Adult Development*, 17(2), pp. 110-119.

Acerca del autor

Ramsés Barragán Estrada
Psicoterapeuta con más de 11 años de experiencia clínica, especializado en temas de bienestar y salud mental. Cuenta con una maestría en terapia familiar sistémica y diversas certificaciones internacionales, entre las que destacan: Science of *Well-being* y *Positive Psychology*.

Es conferencista e investigador con publicaciones en revistas científicas de psicología acerca del funcionamiento óptimo y la conducta humana.

Actualmente funge como director general de Consultoría ZP, una empresa dedicada a la capacitación y el desarrollo, por medio de servicios orientados a cultivar el bienestar; ofrece servicios de atención psicológica y formación profesional para estudiantes universitarios de psicología y carreras afines.

Datos de contacto:
www.consultoriazp.com

Vivir en bienestar a pesar de todo
se terminó de imprimir en la Ciudad de México
en diciembre de 2021 en los talleres de Impresora
Peña Santa S.A. de C.V., Sur 27 núm. 475, Col. Leyes
de Reforma, 09310, Ciudad de México.
En su composición se utilizaron tipos
Bembo Regular y Bembo Italic.

www.ingramcontent.com/pod-product-compliance
Lightning Source LLC
Chambersburg PA
CBHW020743100426
42735CB00037B/321